AF474491

HISTOIRES

DE

L'ESPAGNE ARABE

PAR

ADELPHE NOUVILLE.

Megnoun. — La Péri. — Natayda.

PARIS

LIBRAIRIE DE Mme Ve GAUT,

GALERIE DE L'ODÉON.

1851

HISTOIRES

DE

L'ESPAGNE-ARABE.

IMPRIMERIE DE AUGTE. ALLIEN,

A ÉTAMPES.

HISTOIRES

DE

L'ESPAGNE-ARABE

PAR

ADELPHE NOUVILLE.

MEGNOUN. — LA PÉRI. — NATAYDA.

PARIS

LIBRAIRIE DE Mme Ve GAUT,

GALERIE DE L'ODÉON.

1851

INTRODUCTION.

W. Hayley, auteur d'un *Essai on épic poetry,* trouve deux événements historiques, de ceux qu'on peut appeler *modernes,* dignes d'être chantés par les émules d'Homère ; ces deux événements sont : la Conquête de l'Espagne par les Maures, et la Prise de Grenade par les Castillans. Hayley, selon nous, a raison. Oppositions de caractères, diversité de religions, contrastes de coutumes, en un mot, tout ce qui constitue le pittoresque et le mouvement épique, apparaît dans les relations pacifiques ou guerrières qu'eurent entre eux le peuple maure, traditionnellement original, et le peuple goth, poétique au moins par les mystères de son origine.

Si cette antithèse historique, constante et vive, doit suffire à colorer toute une épopée, à plus forte raison fournira-t-elle assez de reflets brillants pour animer deux ou trois esquisses, deux ou trois nouvelles, deux ou trois contes.

On a beaucoup usé, on a même abusé de l'Espagne. Dans les nombreux tableaux qu'on en a faits, on remarque souvent plus d'éclat que de vérité : craignait-on, en cherchant l'une, de ternir l'autre?

Si quelque influence étrangère a distingué le peuple espagnol des autres peuples originairement ses frères, cette influence doit être uniquement attribuée à l'introduction des populations africaines. Donc, c'est au sein des Africains, au sein des Arabes, au sein des Maures, qu'il faut chercher et contempler les Espagnols.

C'est là ce que nous allons essayer de faire. —

Nous n'écrirons pas une histoire. Dans la peinture des hommes, de leurs pensées et de leurs actions, comme dans celle des choses, de leurs accidents et de leurs couleurs, il est deux classes d'*artistes* : les uns géomètres ou arpenteurs, tracent exactement, mais sèchement, toutes les dimensions d'une plaine, toutes les lignes d'un édifice, tout le mobilier d'un salon ; les autres, moins exacts, mais plus fidèles, choisissent un point fixe et s'y placent, regardent en avant et ne détournent point les yeux, préférant aux objets mêmes, leur animation, leur lumière.

C'est parmi ces derniers que nous avons l'audace de vouloir nous ranger. Nous sommes forcé d'avouer tout d'abord qu'il est aussi difficile d'observer et de rendre la perspective de l'histoire que celle de la nature. D'ailleurs, en prenant pour vaste toile la terre d'Espagne, de la merveilleuse Espagne, sur laquelle plane à jamais un gros nuage de mystérieux souvenirs, n'est-ce pas se créer une difficulté de plus?

> Quid dignum memorare tuis, Hispania, terris
> Vox humana valet? —

L'histoire des Arabes en Espagne se divise d'elle-même en trois périodes principales : les gouverneurs, les kalifes, les rois. Chacune de ces périodes nous a fourni la substance d'une nouvelle : *Megnoun, la Péri, Nàtayda.* Chacune de ces nouvelles se passe à une époque remarquable, et renferme la description d'un lieu renommé.

Dans la première, nous avons rapidement esquissé les mœurs homériques des *Arabes du Désert.* Dans la deuxième, nous avons tenté de donner quelque idée des coutumes, des arts, des sciences, du gouververnement, et de la splendeur des *Maures* au temps de leur plus grande prospérité. Dans la dernière, nous avons décrit, — un peu tard sans doute, — l'un des monuments les plus célèbres de l'univers, le poétique *Alhambra*, ruine déjà pulvérisée et bientôt évanouie, — et nous avons développé une légende dont on se souvient encore à Grenade.

Quant à l'orthographe de certains noms, de certains mots, tout en voulant nous rapprocher de la prononciation arabe, nous avons dû quelquefois respecter l'absurdité de l'usage, afin de rester intelligible, autant pour l'homme du monde que pour le savant. Nous pensons que nos lectrices, surtout, nous sauront gré de notre réserve à cet égard.

MÉGNOUN.

MEGNOUN.

Flüchte du, im reinen Osten,
Patriarchenluft zu Kosten. —
GOETHE.

Quelque temps après la prise de Léon par les Maures, la petite tribu des Alabez, composée de cent cinquante tentes environ, avait établi son camp sur les bords fertiles de l'Elza, sur le plateau d'une vaste plaine, à l'abri d'un verdoyant horizon de collines. Le terrain de cet asile, abondamment couvert de hautes herbes, était orné çà et là de gracieux massifs de chênes-verts, de pommiers et de châtaigniers. Un ruisseau, vif et limpide, plus précieux que l'or pour l'émigré du désert, semblait, en se repliant mille fois sur son cours, abandonner nonchalamment cette douce retraite, et mêler à regret son onde claire aux flots profonds du Duèro.

Les Alabez, en plaçant leurs tentes, avaient sans doute prévu que, sur une terre nouvellement conquise, ils seraient exposés à des attaques soudaines, à des tentatives de vengeance de la part des vaincus : surmontant l'insoucieuse sécurité de leur caractère, et s'essayant à un art nouveau, ils imitèrent, dans leur petit camp, la tactique et la vigilance militaires. Ils choisirent le bras de la rivière où les eaux leur parurent le plus profondes et le plus rapides : sur l'une des rives, ils plantèrent leurs tentes en demi-cercle; un fossé, large de la hauteur d'un homme, ouvert à l'onde par ses deux extrémités, baignait le pied de ces tentes, et faisait ressembler le camp tout entier à une petite île; enfin, un pont formé de quelques troncs d'arbres, et facilement destructible, communiquait avec la plaine.

Les tentes se composaient d'une toile grossière jetée avec négligence sur quelques piliers de bois : entre elles se trouvait l'espace nécessaire pour qu'un cavalier pût s'y placer et y défendre, avec ses flèches meurtrières et sa lance de treize pieds de long, la fragile habitation de sa femme et de ses enfants. La tente du scheik, située au milieu du camp, ressemblait à toutes les autres tentes de la tribu : à l'entour s'ébattaient, sur l'herbe froissée, une multitude de petits animaux domestiques tels que des poules, des moutons et des chevreaux. Le grand troupeau, consistant en une centaine de bœufs, était parqué en dehors des retranchements : quelques chiens noirs couraient dans la plaine, flairant le vent, les bêtes féroces et l'ennemi.

Un soir d'été, de grands feux, mêlant leur éclat à celui du soleil couchant, répandaient dans tout le camp des Alabez une vive lumière. La plupart des familles de la tribu, lasses du repos de la journée, étaient assises autour de ces feux, et cherchaient à se préserver de l'air âcre et salin qui souffle sur les côtes septentrionales de l'Espagne, et qui faisait frissonner les enfants basanés de l'ardente Afrique. Le scheik Hassan-le-Juste semblait partager la mollesse de sa peuplade; à la lueur de son foyer, on apercevait sa barbe blanche, son cou large et ridé, sa figure imposante et digne. Immobile, enveloppé dans son burnous, il trônait, les jambes croisées, avec une solennelle majesté.

A ses côtés, presque sur son épaule, reposait, à demi couchée, une jeune et mélancolique africaine : tout en elle trahissait un pénible abattement, et son sourire, — lorsque par moments, à la voix de ses compagnes, elle essayait de sourire, — son sourire était douloureux.

Ses vêtements ressemblaient à ceux des femmes du désert qui passèrent sous le ciel changeant des provinces espagnoles : de larges caleçons blancs flottaient autour de ses jambes ; son dolman à manches étroites, entr'ouvert sur la poitrine, laissait apercevoir une fine tunique de lin serrée à la taille par une ceinture en fil d'or; ses mains et ses pieds nus étaient chargés d'anneaux d'argent et de quelques verroteries. Mais sans doute que la tristesse qui se peignait sur les traits de cette jeune étrangère, l'avait rendue oublieuse de la plus grande parure en usage parmi son peuple, car, ni ses paupières n'étaient noircies de *kŏhl*, ni ses ongles rougis de *henné*.

Le groupe silencieux au sein duquel se trouvaient le scheik et cette jeune femme, était composé de quinze à vingt personnes : les guerriers contemplaient la flamme ou les étoiles naissantes; leurs compagnes filaient la laine des troupeaux, ou confectionnaient avec des roseaux flexibles de légers paniers appelés *couffes :* hommes et femmes, la plupart rêvaient.

Hassan-Alabez ayant laissé tomber un de ses regards sur la mauresque assise à son côté, se pencha vers elle.

— Zoharah, lui dit-il à demi-voix, le jour succède à la nuit, et le calme à la tempête; ta douleur seule ne changera-t-elle jamais?

— Père de mon époux, répondit lentement la jeune femme, me suis-je plaint que la tempête soit dans mon âme, et que la nuit couvre mes yeux? N'ai-je pas eu mon ciel pur et ma lumière? N'ai-je pas été chérie un instant de celui que j'aimerai toute ma vie? Allah a compris mon sort dans la loi commune ; il me donne des peines, mais il m'a donné des plaisirs !

— Megnoun reviendra, reprit le scheik, et sa présence, semblable à l'aurore, dissipera la nuit qui séjourne dans ton cœur. Crois-moi, Zoharah, avant que ces feux aient été remplacés par ceux du jour qui n'est pas encore, ton oreille entendra les pas légers de Nassim, et tes yeux verront flotter le burnous gonflé de Megnoun !

— Megnoun reviendra, repartit la mauresque avec un profond accent d'amertume ; il reviendra monté sur le fidèle Nassim ; il portera son burnous blanc sur ses épaules, et à son côté son cimeterre à manche de pierreries ; toujours hardi, toujours brillant et toujours beau, il reviendra suivi de tous ses compagnons d'aventure ; il nous montrera peut-être de loin la dépouille d'un ennemi ; mais que m'importe ? il ne me rapportera point son cœur.

— Par Ali ! s'écria le scheik, sois plus fière, ô Zoharah ! la plus belle des femmes de ma tribu, craindrait-elle d'être comparée à la plus belle de nos captives ? Mon fils Megnoun n'a-t-il pas l'œil de l'aigle pour distinguer d'une pâle étoile du nord celle dont tu portes le nom sacré ? *

— Megnoun n'a plus l'amour du désert, dit Zoharah ; il ne se plaît que dans les pays nouveaux. Notre soleil est le plus beau ; mais, pour Megnoun, ce soleil est toujours le même !

En écoutant ces mots, Hassan secoua lentement la tête ; puis, l'inclinant sur sa poitrine, il parut se plonger dans de profondes réflexions.

Mais bientôt s'élevèrent les aboiements des chiens qui gardaient les bœufs dans la plaine : les collines environnantes retentissaient. Avant qu'on eût pu reconnaître la cause de ce tumulte soudain, un beau cheval blanc, l'œil ardent, le cou

* L'*Étoile de Léilé* (l'étoile de Vénus des Orientaux) porte le nom de Zoharah, qui veut dire *la belle*.

redressé, la crinière flottante, traversa le pont du camp avec la rapidité d'une flèche, et vint se coucher en frémissant au milieu des Alabez stupéfaits.

— C'est Nassim ! s'écria Zoharah avec un accent déchirant ; Megnoun n'est plus ! Megnoun ne reviendra jamais !

Hassan tressaillit à ces paroles. Il alla contempler le noble coursier qui, haletant sur la terre, la bouche couverte d'écume, les naseaux exhalant une vapeur abondante, semblait tout près d'expirer.

— Megnoun vit encore, dit le scheik ; louange au prophète ! Regarde, Zoharah, regarde : Nassim n'a pas sur sa peau de neige une seule goutte de sang ! Crois-en mon expérience et cet indice : Megnoun n'est que prisonnier !

Mais Zoharah, toute en pleurs, vint à son tour auprès du cheval mourant.

— O Nassim ! s'écria-t-elle ; ô le plus beau, le plus agile de tous les coursiers du désert ! est-ce ainsi que tu conserves ta renommée ? Que va-t-on penser de toi, qui laisses ton maître dans le danger, qui reviens à nos tentes sans blessures ? Megnoun est donc bien malheureux, puisque son plus fidèle ami l'abandonne ? Qui m'eût dit que je verrais le jour où tu trahirais le sang de ta race, où tu fuirais la noble main qui t'a nourri ?... Mais, à présent, tout est devenu perfide !

En prononçant ces paroles, Zoharah frappait du bout de son petit pied la tête du noble cheval : celui-ci sembla comprendre les plaintes de la mauresque ; rouvrant ses yeux remplis de douceur et d'intelligence, il poussa un bruyant hennissement. Tous les chevaux du camp, éveillés par ce son lugubre, y répondirent.

— Nassim, reprit Zoharah avec une voix pleine de larmes et d'ironie, j'ai vu tes pas voler comme les ailes de l'oiseau ; j'admire encore la beauté de ton regard, et ta peau semblable au lait des chamelles; mais je te méprise et te déteste, car tu ne sais plus aimer ni mourir!

Le cheval se souleva sur son séant, et contempla l'un après l'autre tous les guerriers qui l'entouraient.

— *Il* n'y est pas, *il* n'y est pas! continua douloureusement la mauresque; ne l'as-tu pas laissé seul au milieu de ses ennemis? A quoi bon baisser ton œil triste? est-il permis de regretter celui qu'on n'a pas su protéger?

Le cheval se leva sur ses jarrets, s'affermit, frappa du pied, et parut secouer le poids de la fatigue.

— Va le chercher! dit tout à coup Zoharah en touchant Nassim de la main.

A ces mots, jetés avec énergie, les Alabez s'écartèrent instinctivement. Le cheval, voyant l'espace libre devant lui, bondit, secoua sa crinière, hennit une seconde fois de toute sa force, et partit comme l'éclair.

Le léger coursier ne frappa qu'une seule fois du pied le pont de bois : avant qu'une bouche humaine eût pu crier : Allah! il franchissait les collines. Ce fut de là qu'un dernier hennissement formidable, traînant d'échos en échos, arriva jusqu'à l'oreille des Alabez émerveillés.

Cependant le scheik Hassan était demeuré muet et sombre; le départ de l'intelligent coursier n'attira point son attention; il fallut que la voix de Zoharah, s'élevant à plusieurs reprises, le fît sortir des profondeurs de sa pensée.

— Père de mon époux, lui disait-elle, — et elle le regardait avec émotion, — que présage le nuage sinistre que je vois fixé sur tes traits? Quel orage est donc aussi dans ton âme? Crois-tu que Megnoun soit prisonnier? Crois-tu qu'il soit infidèle?

— Fleur du désert, ô Zoharah, répondit Hassan d'un ton grave, Allah est grand, et ses desseins sont impénétrables. Qui peut répondre d'un homme?

— Ah ! s'écria Zoharah en sanglottant, tu doutes toi-même de ton fils ! Puisse Allah maudire cette pâle chrétienne, cause unique de nos douleurs ! Depuis l'instant fatal où elle fut amenée en esclavage sous nos tentes, j'ai déjà versé bien des larmes ; mais, je le sens, il me reste encore beaucoup à pleurer !

Elle achevait à peine ces paroles qu'une voix criarde appela les fidèles à la prière. Les Alabez coururent à la rivière, et trempèrent dans l'eau leurs lèvres et leurs mains : se tournant ensuite vers l'Orient, ils s'agenouillèrent sur la terre, et récitèrent à voix basse quelques versets du Koran.

Cette prière était pour les musulmans le dernier acte religieux de la journée, car il y avait deux heures que le soleil était descendu sous l'horizon. Les Alabez, s'étant relevés, rentrèrent chacun sous sa tente. Les feux du camp s'éteignirent peu à peu. Les cavales, éveillées par les hennissements de Nassim, se recouchèrent auprès des lances de leurs maîtres. Les troupeaux, étendus sur l'herbe, dormaient déjà. Bientôt on n'entendit plus dans la plaine que la brise jouant avec la toile des tentes, que le léger murmure des flots de l'Elza.

Zoharah se retira dans l'une des cloisons de la tente du scheik, et s'y étendit sur une peau de tigre ; mais elle ne reposa point : ses larmes ruisselaient sur son visage et roulaient sur ses vêtements ; son sein, douloureusement soulevé, exhalait avec un soupir pénible le nom amer de Megnoun.

Agité par un pressentiment invincible, Hassan ne chercha point un sommeil qui l'eût fui ; il alla s'asseoir au bord de l'Elza ; il en contempla le cours ; mais parfois, lorsque son cœur était trop plein, sa voix en trahissait tout haut les pensées.

— Insensé que je suis ! murmurait-il ; j'ai fait briller un trésor aux yeux avides de l'avare ! j'ai confié le vase d'eau pure au voyageur altéré ! j'ai livré la gazelle inoffensive au lion dévorant du désert! Mais se peut-il, en effet, que Megnoun, oubliant la tendresse de Zoharah, à la peau basanée, au cœur de lionne, ne cherche, ne chérisse, ne désire que cette pâle esclave chrétienne qui, durant le jour, craint les caresses du soleil, et qui tremble pendant la nuit au bruit du vent? Par Ali, cela se peut, et cela est! La douleur de Zoharah ne le témoigne-t-elle pas? N'ai-je pas éprouvé moi-même, en d'autres temps, combien les passions sont aveugles? Pauvre Zoharah, je le crois aussi, Megnoun t'abandonne!

La tête du scheik s'inclina sur sa poitrine; il fit une pause, et reprit :

— Ce retour de Nassim, du noble et fidèle Nassim, m'étonne et me trouble. O mon fils! si, comme je l'ai pensé d'abord, tu gémissais dans les fers, Nassim ne serait-il pas esclave avec toi? Ne porterait-il pas au moins les marques sanglantes d'un combat? Jamais un Alabez, quelque fût le nombre de ses ennemis, s'est-il rendu sans se défendre? Megnoun, Megnoun, tu nous trahis! laisse, si tu le veux, laisse libres tes désirs, mais enchaîne tes actions! souviens-toi que je suis ton père et ton scheik, et que si je pardonnais aux erreurs du fils, je punirais l'infidélité du guerrier!

En disant ces mots, Hassan leva les yeux sur la plaine; la lune y répandait de toutes parts l'argent de ses mystérieux rayons. Une forme sombre, semblable à celle d'un cavalier, se tenait immobile à deux cents pas environ du camp. Près de cet objet étrange brillait, par moments, un jet de flamme, un cimeterre, ou une épée.

Hassan se leva debout de surprise.

— Est-ce Megnoun? est-ce un espion? dois-je donner l'éveil à mes guerriers? suis-je assez vieilli pour craindre de combattre seul un seul adversaire? Non! que cet homme soit mon fils ou un ennemi, je veux sans retard aller à lui!

Telles furent les rapides réflexions du scheik. Il détacha sans bruit la meilleure de ses cavales, la belle et silencieuse Tiahnaym. Puis, saisissant une lance, il se mit en selle avec la légèreté d'un jeune guerrier.

Il fit passer son agile cavale derrière les tentes, afin de n'exciter ni l'attention des Alabez, ni celle de l'inconnu; il traversa le pont en apaisant de la main les chiens qui gardaient cet unique passage; décrivant ensuite un grand cercle, de manière à revenir sur le cavalier qu'il avait aperçu, il arriva silencieusement à dix pas de ce dernier.

Du premier regard, Hassan reconnut un ennemi, un chrétien qui, monté sur un robuste cheval noir, tenait les yeux fixés sur les tentes, et demeurait immobile, comme une colonne de marbre dans les champs désolés de Tadmor.

— Tourne la tête, vil espion, s'écria le scheik en levant sa lance; tourne la tête et vois ta mort!

A ces paroles, prononcées en langage goth, — les vainqueurs avaient appris rapidement la langue du pays qu'ils avaient conquis, — à ces paroles, l'inconnu tressaillit, tourna la tête, et fit briller son épée : il s'affermit sur sa selle, et attendit. Hassan se précipita sur lui de tout l'élan de sa cavale, en répétant : — Allah! Allah!

La lance mauresque frappa l'épaule de l'inconnu qui reçut ce choc sans en être ébranlé : brandissant alors son épée, il s'élança à son tour avec impétuosité en s'écriant : — Notre-Dame de Burgos me soit en aide!

Hassan laissa tomber sa lance, car son adversaire le serrait de trop près pour qu'il pût se servir d'une arme aussi longue; tirant son cimeterre recourbé, et se confiant à l'instinct de sa cavale, il déploya toutes les ruses des guerriers de sa nation.

Le chrétien paraissait jeune, vigoureux, habile : le maure comptait déjà soixante ans; mais, dans une vie exercée et sobre, il avait conservé toute l'adresse, toute la vigueur de ses jeunes ans; il avait en outre l'avantage de monter un animal intelligent dont tous les mouvements combattaient en sa faveur.

Lorsque le chrétien levait son épée, Hassan, en fuyant, évitait un coup redoutable, et revenait aussitôt harceler son ennemi avec le tranchant merveilleux de son cimeterre étincelant. Les vêtements de l'inconnu s'éparpillaient en lambeaux; sa peau même était entamée. Irrité d'un combat plus douloureux que dangereux, celui-ci s'épuisait en vains efforts pour atteindre son insaisissable adversaire, et perdait de plus en plus la sûreté de son coup d'œil, l'à-propos de ses attaques, la prudence.

Bientôt il se contenta de rester sur la défensive : il avait résolu de terminer cette lutte inaccoutumée en tuant l'aérienne cavale du maure. Hassan pénétra ce dessein.

Le maure partit avec une rapidité extraordinaire, et revint enfermer son adversaire dans un cercle fantastique et tournoyant; il s'éloignait, il se rapprochait en un clin-d'œil, semblable au tigre qui bondit autour de sa proie. Le chrétien essayait sans cesse d'opposer son épée aux irruptions subites du maure, mais il se sentait souvent frappé.

Tout à coup, par une ruse étudiée, il fit tourner son cheval en sens contraire au mouvement de la cavale de son ennemi. Croyant l'atteindre encore par le dos, Hassan fondit sur lui avec la rapidité d'un vautour, et se trouva pour la première fois en face de la menaçante épée.

Le maure voulut reculer, mais la cavale se cabra, et le renversa sur la terre. Il se releva debout, dans le même temps que l'inconnu mit à sauter de dessus sa selle. Les deux guerriers se rejoignirent aussitôt, et se mesurèrent du regard, murmurant de rage.

Au moment de recommencer avec plus de fureur, et, selon

toute apparence, avec plus de succès, une lutte acharnée, ils se virent entourés de plusieurs cavaliers maures. Hassan baissa la pointe de son cimeterre, et étendit la main vers l'inconnu.

— Arrêtez, enfants! s'écria-t-il en arabe ; cet ennemi m'appartient. Laissez à Allah le soin de m'assurer la victoire!

Les cavaliers reculèrent de quelques pas, et demeurèrent immobiles et attentifs. Mais le scheik, calmé par cet incident imprévu ou par quelque réflexion soudaine, s'avança vers le chrétien qui, l'épée à la main, le corps redressé, la tête haute, était resté fier et tranquille, prêt à se défendre contre tous.

— Courageux chrétien, dit Hassan avec une noble franchise, si j'en juge par ta bravoure, j'ai mal parlé en t'appelant vil espion : un cœur faux n'a jamais battu dans la poitrine d'un vaillant guerrier. Veux-tu terminer cette lutte, ou la remettre à demain? Celui qui sait tenir une épée a besoin du regard des hommes et de la lumière du jour : la valeur aime la renommée. Brave étranger, viens sous ma tente! Par le Dieu vivant qui fit l'univers, je te jure qu'il ne t'arrivera que du bien!

— J'y consens, répondit le chrétien en remettant dans le fourreau sa longue épée; aussi bien ne suis-je pas venu vers toi pour te combattre; j'ai d'autres devoirs, d'autres désirs, d'autres espérances.

— Suis-nous donc! repartit Hassan; suis-nous, pendant que je vais interroger ces guerriers.

S'approchant alors des cavaliers maures, et les faisant ranger à ses côtés :

— Par le prophète! s'écria-t-il avec une fureur concentrée, est-ce bien vous que je revois? Qu'avez-vous fait de mon fils? qu'avez-vous fait de Megnoun?

— Généreux scheik, répondit l'un des cavaliers, Megnoun nous a commandé de retourner vers nos tentes; Megnoun veut être le gardien de la belle esclave ; Megnoun la remettra lui-même entre les mains d'Abdoulaziz.

— Allah ! Allah ! dit Hassan ; plus de doute ! c'est une trahison !

— Nous l'avons pensé, scheik, s'écrièrent tous les cavaliers.

— Vous l'avez pensé ! répéta Hassan avec violence, et vous n'avez pas tué Megnoun !

— C'est ton fils ! répondit lentement une voix.

— Mais c'est un perfide ! répliqua le scheik avec énergie. — Enfants, ajouta-t-il douloureusement, allez en paix, allez en paix ! Dormez sous vos tentes, jusqu'à l'heure où ne brillera plus sous la voûte des cieux que l'étoile du matin ! Vous remonterez alors sur vos cavales, et vous viendrez avec moi sur les traces d'un guerrier pervers, d'un fils coupable !

— Ecoute, noble scheik, reprit l'un des maures ; Megnoun n'a pas suivi la route qui conduit aux tentes de l'alcayde Abdoulaziz ; Megnoun a dirigé sa marche vers les montagnes qui bordent le désert d'eau, vers les solitudes de rochers qui servent de refuge à nos ennemis.

— C'est assez ! répondit gravement le scheik, allez en paix !

— Ecoute encore, brave des braves, continua le même cavalier ; que t'importe l'étoile du matin ? N'attendons pas, pour remonter sur nos cavales, pour voler sur les traces d'un infidèle guerrier !

— Regarde cet étranger, répliqua le scheik en désignant du doigt le chrétien ; il doit passer la nuit sous ma tente. Ne me parle plus de départ, de justice ou de vengeance. Je ne puis écouter en ce moment que la voix de l'hospitalité.

Les cavaliers se dispersèrent. Chacun d'eux alla reconnaître sa tente et retrouver sa famille. Le scheik conduisit son hôte dans la première cloison de la tente principale du camp. Il alluma deux torches de bois résineux, puis il étendit sur une natte de joncs de petits pains dorés de maïs, de la farine de chair de mouton, des dattes sèches et des coupes pleines d'eau pure.

Le chrétien, après un signe de croix, récita mentalement une courte prière; le musulman fit les ablutions en usage parmi les siens. Les deux guerriers s'assirent ensuite vis-à-vis l'un de l'autre, et commencèrent par se regarder en silence. Ils parurent se voir avec admiration, car ils étaient tous deux remarquables par la vigueur de leur stature, et par la noblesse de leurs traits.

Quoique jeune encore, l'inconnu portait sur toute sa personne la majesté d'une grande pensée. Dès qu'il eût ôté son casque, ses longs cheveux blonds roulèrent en boucles sur ses épaules, laissant à découvert un front élevé qui, comme un diadème, couronnait dignement un visage altier et expressif. Il avait revêtu un surcot de peau de buffle, et passé autour de son cou un chapelet d'or à grains d'ébène. Il portait un casque d'acier surmonté d'une plume noire, et une longue épée à garde de fer. Quant au scheik, il montrait la face et l'encolure d'un vieux lion.

— Courageux chrétien, dit tout à coup le vieillard, toute querelle est morte entre nous, puisque nous venons de rompre ensemble ce pain. Quoi que tu fasses, tu m'es sacré : je protégerai tes jours comme je défendrais les miens, avec l'or, avec le fer, avec la parole. Que n'ai-je le droit de te demander ton nom, afin de l'honorer dans ma mémoire, comme tu l'honores par ta valeur? Quant à moi, je suis Hassan, scheik de la tribu des Alabez, maître de ce camp dont tu regardais tantôt et si attentivement les tentes.

— Brave sarrazin, répondit courtoisement l'inconnu, à quoi bon te dire un nom qui n'est jamais venu jusqu'à ton oreille? Et comment t'expliquer ce qui m'a conduit en ces lieux, ce qui m'a plongé tantôt dans une attention profonde? Pour que tu pusses me comprendre, il faudrait que je te racontasse une longue et lamentable histoire, et ce récit, pénible à mon cœur, n'intéresserait pas le tien.

— Jeune homme, jeune homme, repartit vivement Hassan avec la curiosité d'un Arabe; est-ce à mon âge que l'on ne sait pas écouter le langage de la douleur? est-ce à mon âge que l'on ignore la nature humaine et ses incessantes faiblesses, et son impitoyable destinée? Crois-tu donc que, pour vivre au désert, nous portions en nous des cœurs aussi arides que les sables qui sont sous nos pieds? Tu peux me raconter tes malheurs. Et qui sait? Allah cache la vie au sein d'un fruit, la perle lumineuse au fond des vagues sombres, la source fraîche sous les sables desséchés : le conseil d'un vieillard sera peut-être pour toi le repos, le remède et la lumière!

— Par Notre-Dame, vieillard, tu parles bien! mais, pour moi, je n'attends plus rien des hommes pour adoucir mes ennuis. Plût à Dieu, sage sarrazin, que tes conseils me tirassent de l'incertitude qui me fait errer depuis longtemps! Hélas! que te demander contre le déshonneur ou contre la mort d'une femme?

Ce dernier mot frappa le maure.

— Ah! dit-il en secouant tristement sa tête blanchie, ce sont les femmes qui font couler tous les pleurs!

— Mais tu as raison, vieillard, reprit le chrétien; je ne dois pas mépriser tes avis. Quant au serment que tu as fait de me protéger, je l'accepte et je m'y confie. Ai-je ouï dire jamais que celui qui aurait pu vaincre son ennemi, se laisse descendre à l'assassiner? La trahison habite dans un cœur avec la faiblesse. Apprends donc la terrible cause de mes éternelles douleurs.

« Lorsque tes compagnons s'emparèrent de Tolède, je demeurais en cette ville avec ma sœur et avec une jeune orpheline, fille d'un allié de ma maison. J'aimais bien tendrement ces deux femmes; la dernière, surtout, faisait le charme de tous mes instants. Pauvre jeune fille! elle était alors ma fiancée; et peut-être, en ce moment, elle est l'épouse d'un ravisseur, ou du tombeau!

« Tes compagnons nous accordèrent un traité suivant lequel il nous était permis d'abandonner en toute sûreté nos demeures, et de chercher d'autres foyers dans les montagnes; toutefois, la plupart des Tolédans payèrent un tribut et firent leur soumission aux vainqueurs. Pour moi, je me préparai à fuir avec ma famille, avec mes amis. Toi, qui viens des déserts lointains, où vous vivez, dit-on, comme des oiseaux sauvages, tu dois savoir, noble vieillard, combien, dans un cœur généreux et brave, est ardent l'amour de la liberté? C'est à cet amour, aussi grand que celui que m'inspirait ma fiancée, qu'en fuyant je me livrais!

« Le jour de notre départ était proche. Un sarrazin, nommé Munuça, vit ma sœur, en devint éperdument épris ou lâchement désireux. Comptant sur la foi du traité, j'avais envoyé mes amis en avant afin qu'ils me frayassent la route, et je sortis de Tolède à la tête de six guerriers, et de quelques serviteurs armés conduisant des mulets chargés de nos communes richesses. Nous escortions ma sœur, ma fiancée, et l'archevêque Urbano, digne prélat, qui, sur sa mule, emportait les livres saints et les vases sacrés.

« A quelques milles de Tolède, lorsque, avec un serrement de cœur inexprimable, nous eûmes vu disparaître les bords enchantés du Tajo, nous fûmes attaqués tout à coup par une vingtaine de cavaliers commandés par Munuça. Nous nous défendîmes vaillamment. Nous remportâmes la victoire, laissant sur le champ de bataille quatre morts et neuf blessés; un seul des nôtres avait péri; nous honorons sa mémoire!

« Durant ce combat, l'ombre du soir était tombée. Au moment où nous nous félicitions les uns les autres, nous nous aperçûmes que les fuyards entraînaient nos deux jeunes filles; nous nous élançâmes à leur poursuite; mais, mieux montés que nous, moins harassés que nous, ils disparurent.

« Il fallait sauver le digne archevêque et les richesses de nos amis : nous reprîmes la route de notre exil, et nous entrâmes dans les montagnes. Pendant ce trajet, je demeurai morne et insensible : une petite part de mon âme entendait encore la voix du devoir ; le reste était anéanti dans ma souffrance.

« Quelques tristes jours s'écoulèrent, et j'appris par hasard que Munuça, devenu gouverneur de la ville de Gijon, avait épousé ma sœur. Non satisfait de m'avoir privé de tout ce qui m'était le plus cher, l'infâme m'insultait encore! comme si Dieu pouvait jamais bénir une union semblable!

« Je pris une résolution suprême. Je me rendis à Cordova, et fis demander audience à votre sultan Abdoulaziz. Je lui parlai du rapt de ma sœur; il me répondit dédaigneusement que je devais m'estimer heureux puisque Munuça, au lieu de faire une concubine de son esclave, l'avait épousée. O vieillard! que se passa-t-il en moi en écoutant ces paroles? je ne puis te l'apprendre encore; c'est l'avenir qui le saura! Feignant d'être satisfait, je m'inclinai devant tant d'audace. Je demandai toutefois un sauf-couduit, et je partis en toute hâte pour Gijon.

« Il était temps que j'arrivasse auprès de ma sœur. Soit par des philtres, soit par un art infernal, soit par quelque moyen que je n'ose approfondir, Munuça avait déjà corrompu cette âme innocente et faible.

« Le sarrazin me reçut avec des témoignages de respect, grâce au sauf-conduit d'Abdoulaziz, ou peut-être au voisinage de mes compagnons d'exil : ces derniers s'étaient, en effet, rassemblés aux environs de Cangas, sur les bords de la Sella. J'obtins la liberté de voir et d'entretenir ma sœur; mais je ne pus le faire qu'en présence d'une vieille négresse qui, du reste, ne comprenait pas un seul mot de la langue que nous parlions. Dès notre premier entretien, ma sœur me laissa deviner qu'elle aimait Munuça. Elle ne sut rien m'apprendre sur le sort de ma fiancée.

« J'eus une grande honte de ma sœur, et je voulus d'abord l'abandonner à sa propre ignominie. Je réfléchis, Je pensai que son esprit pouvait n'être qu'égaré, et que je devais la ramener à la conscience de son erreur. Dans ce dessein, je lui parlai vivement de Dieu, de son pays, de ses amis, et de moi-même. Qu'avait-elle à m'opposer? Un Munuça!... Je ployai les genoux devant elle, et je la conjurai de rougir. Je la conjurai au saint nom de sa mère, de sa mère qui la regardait des cieux, et qui l'attendrait en vain dans l'éternité. Je la vis pleurer. Malgré mes sombres tourments, un éclair de joie embrasa mon âme.

« Je lui proposai de l'enlever; et, comme elle hésitait à me donner son consentement, je jurai la mort de Munuça! Ce fut alors que par un mouvement de tendresse pour son ravisseur, elle se résolut à la fuite. Ainsi, c'était au moyen de sa passion même que je l'arrachais à sa passion! Hélas!...

« L'absence de Munuça, la nuit, mon audace, tout me favorisa dans l'exécution de ce dangereux projet. L'épée à la main, j'allai vers ma sœur; et, menaçant qui s'opposait à mon passage, je l'entraînai. Nous sortîmes de Gijon, et nous marchâmes jusqu'à l'aurore. Epuisés de fatigue, nous nous assîmes sur le sommet d'une haute colline, en vue d'un fleuve débordé.

« Nos regards pouvaient plonger dans deux vallées. Pâle, muette, tremblante, ma sœur tournait souvent la tête vers les pays que nous fuyions; je voyais bien que son cœur ne les abandonnait pas comme elle. Tout à coup je l'entendis pousser un grand cri, un cri de joie. Étonné, je me détourne, et je vois s'avancer vers nous, de toute la vitesse de leurs chevaux, une troupe de sarrazins.

« Ranimé par le cri honteux de ma sœur, plus encore que par la crainte de l'esclavage, je me relève. Je prends ma sœur dans mes bras, et je descends en courant le penchant de la colline. Je me jette dans le fleuve avec mon fardeau, je nage, j'avance; j'entends des flèches siffler, je vois ma sœur s'évanouir d'effroi, je nage toujours, j'avance encore, j'arrive au rivage. Nous étions libres ! je tombai mourant sur la terre.

« Lorsque je revins à moi, je me vis entouré de plus de deux cents guerriers goths qui, comme moi, avaient refusé de payer un tribut à nos vainqueurs. Cachés dans les fossés environnants, ils nous avaient observés de loin; ils étaient accourus à notre aide. Je leur rendis grâces, et je me reposai parmi eux. Ensuite, je conduisis ma sœur dans un monastère éloigné. Là, son âme baignée incessamment aux sources pures de la religion, se dépouille incessamment de sa souillure. Puisse l'ange du repentir, qui sourit en versant des pleurs, la soutenir sur ses ailes !

« Munuça aimait-il véritablement ma sœur ? Avais-je éveillé sa haine, ou fait surgir sa vengeance? Il demanda des troupes à votre sultan, et vint avec ce secours, nous inquiéter dans nos retraites. Nous le battîmes, nous poursuivîmes les siens, nous nous emparâmes de Gijon. Un mois après, l'un des nôtres nous apprit que le sarrazin, s'enfuyant, avait été massacré, nul ne sait par qui, nul ne sait pourquoi, dans le village d'Olahié [1]. En apprenant cette mort surnaturelle, je priai Dieu qui tôt ou tard frappe le coupable !

« Ayant ainsi sauvé ma sœur, je me ressouvins plus que jamais de ma fiancée. Elle aussi, pensais-je alors, elle gémit dans l'esclavage ou dans l'infamie; et cette pensée était horrible.

1. *Le village d'Olahié.* — Tout ce récit est historique. On y trouvera une couleur homérique qui s'accorde avec les mœurs et les temps.

« Depuis, au péril de mes jours, au risque de passer pour un insensé, j'ai parcouru tous les pays de l'Espagne, m'enquérant à chaque ami, à chaque ennemi que je rencontrais, du sort de la malheureuse captive. Ce fut en vain! Et te l'avouerai-je, ô vieillard? Cet éternel mystère m'a causé souvent une sorte de ravissement! Oui, j'aimais mieux parfois *la* croire couchée au tombeau, que dans le lit d'un rival!

« Mais souvent aussi, son souvenir, son nom, son image, son parfum, quelque chose d'elle que je ne puis exprimer, passe dans mon âme, en y laissant le trouble et le regret; et dans ces instants de rêve, je ne puis me défendre de la croire encore vivante. Je ne fus jamais accablé par le pressentiment de sa mort. Quand je pense à elle, c'est elle-même que j'entrevois, avec ses grands yeux bleus, sa peau de neige et son céleste sourire. C'est elle, et non son triste fantôme. Je l'aime trop pour que mon cœur ne soit point blessé, même loin d'elle, même sans le savoir, du coup qui lui ravira le jour!

« Une seule fois, ce soir, tout à l'heure, au moment où tu m'as surpris, brave vieillard, observant vos tentes, hésitant à aller vers vous afin de m'informer d'elle, encore d'elle, toujours d'elle, une voix lugubre a passé dans l'air à mes côtés; une fibre de mon cœur s'est rompue, et j'ai senti du fiel sur mes lèvres. Je suis resté pensif, étonné, épouvanté, m'efforçant de me reconnaître moi-même. Est-ce le désespoir d'une longue attente? est-ce l'agonie enfin de mes maux? est-ce en moi le retentissement du dernier soupir de ma fiancée?

« O vieillard! heureux es-tu d'avoir parcouru presque en son entier le rude chemin de la vie! d'avoir marqué dans ta mémoire, comme avec des pierres semées derrière toi, tous les endroits, tous les temps où tu as souffert et pleuré! Si tu retournes sur tes pas, si tu contemples ton voyage, tu n'es ému qu'à l'aspect des traces de tes douleurs passées; et cette émotion mélancolique est mêlée en toi au ravissement d'être en paix! Mais pour moi qui, jeune encore, ai tant supporté de malheurs, ne dois-je pas trembler de n'être qu'au bord de la route? Que dois-je attendre de l'avenir, si j'examine le passé? Faudra-t-il marquer chacun de mes pas par un signe funèbre! et la plaie que je porte en moi, vive et saignante, ne sera-t-elle pas trop sensible à de nouveaux déchirements! Mais Dieu veut m'éprouver sans doute; son courroux cache toujours sa bonté! »

Ayant dit ces mots, le chrétien cessa de parler. Il leva les yeux au ciel, murmura quelques inintelligibles mots de prière, et baisa dévotement la croix de son chapelet. Hassan, dans une immobilité complète, le regardait d'un air d'intérêt doux et sérieux.

— Infortuné! dit enfin le scheik; je n'ai pas laissé tomber à tes pieds une seule de tes paroles. Si je révère ton courage, j'admire aussi la richesse de tes discours, et je plains ta destinée. Irrité par tes longs malheurs, tu méprises les guerriers de ma nation; mais je pardonne à l'amertume de ta souffrance. Je n'ai point de haine contre toi.

— Mais écoute, ô étranger! poursuivit le vieillard en posant sa main sur son large front; écoute. Depuis quelques instants, je suis courbé sous le poids d'une horrible idée : oui, cette idée est attachée à mon front comme le doigt d'Allah sur l'homme! Si tu te désespères comme amant, je me désole comme père; eh! bien, — est-ce le prophète qui m'inspire? — je crains que nos différentes douleurs n'aient une même cause. Ecoute-moi!

« Je vais te raconter à mon tour une part de mon histoire; sois indulgent pour mon récit. Ma langue s'embarrasse en cherchant des mots familiers à ton oreille. La différence de nos usages donne de la timidité à mon discours.

« Au-delà du grand désert d'eau, dans le vaste empire de

Maroc, sur une terre de sable et sous un ciel de feu, vivait un grand nombre de Berbers, ma nation. Avant de venir en ce pays béni d'Allah, où l'on trouve tant d'eau pure, j'avais coutume de faire camper ma tribu sur le territoire de Sus : je possédais alors trois cents tentes, trois cents chameaux, cinq cents cavales, et mille bestiaux d'espèces différentes. Mes ancêtres, les Alabez, se sont montrés généreux, hospitaliers et vaillants. Notre village est renommé.

« Si je voulais te décrire nos usages, je lasserais bientôt ta curiosité : ne sais-je pas d'ailleurs que la douleur est préoccupée et sourde? Je te dirai seulement que nous suivons la sainte religion du Prophète, selon les sages interprétations de Mélik, docteur de la loi. Nous avons aussi une grande vénération pour un iman de ta croyance nommé Augustin, dont on voit le tombeau aux environs de la ville de Lagoust.

« Un jour, ayant donné l'ordre à mes guerriers de lever leurs tentes, nous allâmes établir notre camp sur les bords fertiles du Sus. Nous entrâmes dans une grande plaine en même temps que les Jéménis. Il y avait bien cent ans que cette tribu était en querelle avec la mienne. Le père de mon père avait tué par mégarde, d'un coup de djérid, la plus jeune des filles d'Abdallah, scheik des Jéménis; et, quoique mon aïeul eût racheté le sang avec cent dinars d'or, cinquante chameaux et vingt peaux de tigre, il n'apaisa point la haine des descendants d'Abdallah.

« Je rassemblai les principaux de mes guerriers, et nous convînmes de partager la plaine avec nos ennemis, ou de la tirer au sort. J'envoyai mon fils Ibrahim, le premier-né de mes enfants, vers le scheik des Jéménies, afin de l'instruire de notre résolution. Ibrahim ne revint jamais vers nos tentes. Nos ennemis l'avaient massacré.

« Nous leur déclarâmes la guerre. Ma tribu étant la plus

faible, je fis passer, durant la nuit, sur l'autre bord du fleuve, nos femmes et nos troupeaux. Je les mis sous la protection des vieillards, à qui je recommandai de diriger sans cesse leur marche vers l'Orient.

« La bataille eut lieu le lendemain, et fut terrible. Les Jéménis tuèrent quatre-vingts de mes guerriers, parmi lesquels je comptais deux de mes fils. Nous étions vaincus. Nous prîmes la fuite ;

« Nous eûmes bientôt retrouvé nos vieillards, nos femmes et nos troupeaux. Nous campâmes sur le lieu même, résolus de regagner au plus tôt l'honneur que nous avions laissé tomber avec la victoire sur la terre du combat.

« Des quatre fils dont j'étais fier, il ne me restait que le plus jeune, Megnoun. Soucieux de ma postérité, je le mariai à la plus belle des filles de ma tribu, nommée Zoharah à cause de ses florissants attraits. Megnoun et Zoharah s'aimaient depuis leur enfance ; c'était du moins ce que pensaient toutes les femmes de mes guerriers.

« Après le mariage de mon fils, nous songeâmes à recommencer la guerre. Nous méditions de cruelles vengeances. Chacun de nous avait perdu au moins un ami ; moi-même, moi seul, j'avais à venger trois morts chéris et ma gloire !

« Mais voilà qu'un bruit sourd parcourt l'immense surface de nos déserts, avec la rapidité d'un nuage chassé par les vents : toutes les tribus en furent émues. On entendait de toutes parts de merveilleux récits sur la conquête récente d'un vaste pays du septentrion, conquête exécutée avec succès par l'émir Tarik, au nom de l'alcayde Muça, au nom des glorieux kalifes de la ville de Schems. Sur la terre de la victoire, ajoutaient les mieux instruits, les plaines sont couvertes de flots d'épis, les montagnes recèlent des mines de pierres précieuses, les femmes sont semblables aux houris célestes du paradis de Mohammed, et les sources pures, moins rares que les grains de sable au désert, coulent à travers tous les villages. Comme nous écoutions ardemment ces doux récits!

« Nous apprîmes bientôt qu'une nouvelle troupe de Berbers allait traverser le désert d'eau afin de se réunir aux compagnons de Tarik. J'entendis, parmi les guerriers de ma tribu, s'élever des accents de désir et de jalousie. Ils disaient : — Heureux les prédestinés d'Allah! — Je crus qu'il était temps de sonder leurs âmes.

« Je les rassemblai de nouveau, et je leur dis : — Qui de vous veut errer encore au désert avec le souvenir de ses ancêtres? — Et comme ils demeuraient silencieux, je continuai : — Qui de vous est prêt à tenter le chemin qui mène au camp de Tarik? — Ils s'écrièrent : — Quand le scheik marche, les guerriers le suivent! — Je souris. — Mais, repris-je, et les Jéménis? et notre vengeance? — Ils m'interrompirent bruyamment : Allah est puissant; est-ce qu'il ne tarde pas souvent à punir? Attendons que nous soyons devenus forts et nombreux. Un jour viendra, — car c'est écrit! — où les Jéménis couvriront de leurs corps sanglants les sables de ces contrées; si ce jour ne luit pas sur nous, il éclairera nos descendants! — J'étendis la main vers eux, et je leur dis : — Allez en paix, enfants, et levez vos tentes! —

« Quelques instants après nous étions en marche, emportant avec nous nos tentes et nos trésors. Durant ce voyage, nous faisions six journées de suite, et nous nous reposions la septième. Quelquefois, au milieu des ténèbres de la nuit, l'étoile immobile était notre guide. Nous arrivâmes enfin à la ville de Caïroan, résidence de Muça.

« L'alcayde, jaloux de la gloire de Tarik, songeait à lui disputer sa conquête; il nous accueillit avec une grande joie. Nous traversâmes le désert d'eau.

« Un émir de ta nation, nommé Juliano, nous attendait sur le rivage; et, par une trahison que j'abhorre dans un allié comme dans un ennemi, il nous rendit maîtres de plusieurs villes.

« Nous allâmes ensuite à Tolède. Tarik avait déjà conquis cette ville; nous le rencontrâmes qui venait à nous. Muça le frappa de son djérid, le priva du commandement de ses guerriers, le dépouilla de son immense butin, et le fit jeter dans un cachot; nous nous étonnions, après cela, qu'il ne l'eût pas tué sur la place.

« Muça nous fit parcourir, en les ravageant, toutes les terres des *Andalousi*. Nous fûmes arrêtés, du côté du couchant, par une grande chaîne de montagnes. Nous étions près de les franchir, — car l'alcayde, ainsi que nous l'avons appris depuis, avait formé le dessein de s'emparer de tous les pays d'au-delà, et de se créer kalife d'Occident, — quand un courrier parut tout à coup au milieu de notre camp, et mit la main sur la bride de la cavale de Muça, ordonnant à l'alcayde, au nom du kalife Vélid, de partir à l'instant même pour la ville de Schems. Muça frémit, pâlit, et obéit. Il allait trouver son juge.

« Abdoulaziz, fils de Muça, fut choisi par le glorieux kalife pour gouverner le territoire de la conquête; c'est cet alcayde qui nous commande encore aujourd'hui.

« Quant à moi et à mes guerriers, qu'avons-nous gagné jusqu'alors sur cette terre étrangère? En vain nous cherchions le repos au sein des murs de Tolède, l'air et l'espace nous manquaient. Nous nous résolûmes à reprendre, sur d'autres plaines et sous d'autres cieux, la vie errante et libre de nos pères; c'est pourquoi nous sommes venus élever nos tentes dans ce pays.

« Cependant mon fils Megnoun, jeune et ardent, couvait d'un regard de feu les richesses des chrétiens, et, — te le dirai-je? — leurs femmes. A la tête de quelques-uns de mes guerriers, il faisait de fréquentes excursions dans les villes ou sur les montagnes, et revenait souvent au camp avec quelque riche proie ou quelque jolie esclave. Je voyais le front poli de la tendre Zoharah s'assombrir de plus en plus, comme la lune que dévore un nuage.

« Un matin, — il y a de cela trois lunes entières, — Megnoun amena sous ma tente, avec une joie orgueilleuse qui fit pleurer les yeux baissés de Zoharah, une jeune chrétienne que je ne pus me défendre moi-même d'admirer. Son teint délicat était plus blanc que le doux lait des génisses de ces contrées; ses grands yeux bleus ressemblaient à deux sources pures reflétant l'azur du ciel; sa taille élancée et majestueuse paraissait comme un beau palmier; enfin ses longs cheveux noirs ombrageaient de leurs boucles odorantes un sein près de briser ses voiles de lin. Je pris cette jeune femme pour votre sultane. »

— Ah! s'écria le chrétien, si c'était...

Hassan réprima cette interruption par un signe, et continua :

« A peine eussé-je remarqué combien la jeune esclave était belle, que je pris en moi la résolution de l'envoyer à Abdoulaziz, afin de me concilier par ce don précieux la protection et l'amitié de l'alcayde. Je ne croyais pas à la passion de Megnoun; ou plutôt, je regardais cette passion comme un caprice aussi léger que les ombres, aussi passager que les vents.

« Je savais par expérience que le désespoir d'une femme est une nuit plus ou moins longue que l'aube efface tôt ou tard; c'est pourquoi je voulus attendre que les pleurs de la belle esclave ne troublassent plus la paix harmonieuse de ses traits; et, afin que son âme pût s'accoutumer à l'esclavage, je la donnai pour compagne à Zoharah.

« Cependant mon fils Megnoun paraissait avoir dompté les désirs qu'il avait d'abord montrés. Ses soins pour Zoharah étaient ceux d'un mari fidèle; ses regards, lorsqu'il les arrêtait sur la chrétienne, ne brillaient plus d'un sombre éclat; ses discours, précoces fleurs de sagesse, émerveillaient mes guerriers. Avait-il, par quelque ruse secrète, entassé, refoulé, caché ses sentiments dans les plus profonds replis de son cœur? Je le crains.

« Mais je l'avais cru guéri. Zoharah seule était sans joie. Une femme sensible est plus habile aux choses de la tendresse que le plus sage des hommes : d'ailleurs, dans les choses de la tendresse, la vieillesse oublie et la jeunesse devine.

« Je fis donc entendre des paroles de reproche à la femme de mon fils. Elle m'écoutait en pâlissant, souvent avec un sourire pénible, parfois avec des larmes dévorées, et toujours sans me répondre. J'eus mépris de l'âme des femmes, de leurs susceptibles douleurs, de leurs mesquines vanités, de leurs jalousies éternelles; mais, par le prophète! je me préparais peut-être ainsi de longs remords!

« Nous avions vu l'astre des nuits trois fois mourir et renaître. La belle esclave, pliée à sa chaîne, avait repris un peu de calme; le reflet de ses récentes douleurs éclarait même ses nobles traits d'une douce lumière mêlée encore à quelques ombres. O jeune guerrier, quelle était noble ainsi! Pour moi, je ne formais qu'un seul vœu : c'était de la voir sourire avant de l'éloigner pour jamais; mais le génie de la tristesse s'était endormi sur ses lèvres.

« Le soleil se levait sur les collines lorsque, aujourd'hui, j'ai pris à part mon fils Megnoun, et lui ai dit : — Donnons à Abdoulaziz l'esclave de Zoharah. Puisque nous voulons mener une vie autre que celle de nos frères qui sont venus comme nous dans ces contrées, achetons la liberté par un présent. Puisse Allah seconder mes vœux! puisse Abdoulaziz nous combler de ses faveurs! puisse Megnoun régner sur une tribu plus nombreuse que celle que commande Hassan! —

« Mon fils baissait les yeux vers la terre, surpris et pensif. Je continuai : — Zoharah, fille du désert, n'a pas besoin d'esclave pour la servir ; Megnoun, mari de Zoharah, de la plus belle femme de sa tribu, rougirait de convoiter pour concubine une pâle infidèle. Quant à moi, Hassan-Alabez, scheik et père, je ferai que chacun se courbe sous ma volonté.

« Alors je choisis six de mes plus vaillants guerriers. Je mis mon fils à leur tête, et la chrétienne au milieu d'eux. Au moment de leur départ, je leur recommandai trois choses : la crainte d'Allah, l'obéissance à mes ordres, le souvenir des femmes. Ils partirent et disparurent.

« Zoharah était alors à mon côté; je l'entendis qui répétait sans cesse avec douleur : — Je l'ai perdu! — Frappé de cette plainte sinistre, j'ouvris la bouche afin de rappeler Megnoun; mais ma voix s'éteignit dans ma pensée. Étais-je assez puissant pour changer les décrets d'Allah? et tout ce qui se passe ici-bas n'est-il pas écrit là-haut?

« Que te dirai-je de plus, ô chrétien? Les guerriers qui suivaient Megnoun ont été renvoyés par lui vers nos tentes : avait-il quelque terrible projet? Son cheval, ordinairement si fidèle, est revenu lui-même le chercher parmi nos guerriers : serait-il tombé dans les fers de tes compagnons? Que penser? que prévoir? que croire? Au milieu de mes réflexions, je suis comme l'aveugle errant sur les montagnes; je n'ai comme lui, pour me guider, que des bruits lointains, que des tâtonnements périlleux, qu'un soleil obscur qui réchauffe, sans l'éclairer, la nuit mystérieuse qui m'environne! »

Telles furent les paroles de Hassan. Le chrétien attendait avec impatience la fin de ce long récit qu'il écoutait néanmoins avec déférence; se levant alors brusquement :

— Partons! partons! s'écria-t-il; courons sur les traces de ton fils! Empêchons-le de commettre un crime, ou sauvons-le de l'esclavage et de la mort! Je te conjure, ô vieillard! je t'en conjure, au nom de ton *Dieu*, volons sans retard au secours de la chrétienne!

— Je le veux bien, répondit Hassan en se levant à son tour; je le veux bien, puisque mon hôte le désire. Prépare ton cheval, ô étranger! pendant que je vais éveiller les guerriers qui suivaient Megnoun, et que nous prendrons pour guides!

Quelques instants après, la petite troupe était préparée au départ. Le scheik donna le signal de la marche. La cavalcade se pressa, se balança, s'élança. Mais, au moment de traverser le pont du camp, les huit cavaliers virent une femme se dresser, lever la tête, et étendre vers eux la main; ils s'arrêtèrent.

— Où vas-tu, Hassan! dit une voix; où te conduit une vaine espérance? Megnoun ne reviendra jamais; je l'ai perdu! Mais toi, tu veux donc abandonner tes enfants? Pourquoi suivre un inconnu qui te mène vers quelque embûche? Puisse Allah te protéger, ô Hassan! mais le malheur habite depuis longtemps sous les tentes de ta tribu, et demain, peut-être, tes guerriers n'auront plus de scheik!

Hassan pencha la tête sur sa poitrine : était-ce pour cacher des larmes? Après un court silence, il dit d'une voix douce :

— Retire-toi, ô Zoharah, ô la plus tendre des épouses! Laisse les guerriers obéir aux inspirations d'Allah! Qui te dit d'ailleurs que nous songions à Megnoun?

— J'ai tout entendu, je sais tout, reprit vivement la mauresque; je sais aussi que ce n'est point à celles qui filent la laine à commander à ceux qui portent le cimeterre. Faites donc votre volonté! Mais je te le répète encore, Hassan : ton fils ne reviendra plus! L'homme ne suit-il pas son cœur? est-ce que le cœur de Megnoun ne s'éloigne pas de nos tentes?

Ayant dit ces mots, la jeune femme se retira lentement. Les cavaliers se mirent en route; mais le scheik, en s'éloignant, tourna souvent la tête vers les tentes de son camp, qui se confondaient de plus en plus avec les ombres.

La petite troupe se dirigea rapidement à l'est, et se trouva, vers l'aube du jour, dans une vaste plaine stérile au milieu de laquelle un hêtre gigantesque élevait sa masse encore sombre. Megnoun s'était arrêté au pied de cet arbre, lorsqu'il avait renvoyé ses compagnons. Le vieux scheik, s'abandonnant autant à l'instinct de sa cavale qu'aux avis de ses guerriers, brisa la direction de sa marche, et fit face au septentrion. Le pays devint bientôt montueux et difficile.

Traversant des bois lugubres, côtoyant de noires ravines, franchissant des torrents bruyants, surmontant des rocs escarpés, redescendant ensuite des collines sablonneuses, les huit cavaliers dévoraient l'espace; ils virent enfin le soleil inonder de ses rayons les montagnes des Astures.

Des chênes, des noyers, des châtaigniers, des pommiers, mêlaient de toutes parts leurs différentes verdures. Au fond des vallons, dans une teinte uniforme et vague, l'œil devinait des tapis de mousse, des bouquets d'arbres, des cascades vives. Tantôt un torrent étincelait à la crête d'un rocher, roulait ses rubans d'écume au travers des précipices, disparaissait un moment derrière un massif de cystes, et se perdait enfin dans un abîme de ténèbres, semblable au serpent qui, déployant ses longs anneaux sur des fleurs, plonge la tête dans l'urne d'une tombe; tantôt une gorge de roches inaccessibles resserrait la route, comprimait l'air, dérobait le ciel, et ne présentait devant le regard qu'un gouffre sombre : mais, se détachant soudain comme un voile, ce passage étroit ouvraît sur une prairie étendue où les ruisseaux s'agitaient, où les arbustes se balançaient, où les chevaux sautaient et paissaient, où le soleil enfin, déjà vainqueur de la plus haute ligne des montagnes, éclatait dans toute sa majestueuse puissance.

Les huit cavaliers, ramassés en groupe, tout entiers à leur recherche, et ne laissant après eux aucune trace, disparaissaient à travers ces sites magnifiques; un vent âcre frappait leurs pâles visages et s'engouffrait dans leurs manteaux; les cavales écumaient.

Ils entraient dans une profonde vallée.

— Nassim! Nassim! s'écria tout à coup le scheik.

Tous regardèrent.

Entre deux montagnes escarpées, au bout d'un ravin aride et ténébreux, s'élevait, comme une barrière infranchissable, un roc immense [1], taillé à pic, nu comme un mur, droit vers le ciel, à sa cime couronné d'un groupe opaque de hêtres séculaires et de leurs grandes ombres. Un ruisseau léger, sorti de la base d'un rocher, caressait d'un flot vif des pierres et des racines moussues. Au-dessus de la source, une noire excavation demi-circulaire paraissait donner entrée à quelque vaste souterrain. La lumière du jour, glissant par petites masses jusqu'au fond de cet abîme, en faisait ressortir encore l'effrayante obscurité.

Au-devant de la caverne, un beau cheval africain, le regard fixe, l'oreille dressée, le cou tendu, le corps affaissé, les pieds écartés, frissonnait de tous ses membres dans l'attitude de l'horreur. C'était en effet Nassim.

Les cavaliers maures, sûrs de l'instinct de ce noble animal, s'étaient tous ensemble arrêtés, saisis d'étonnement et de terreur; le chrétien seul continua de s'avancer jusqu'à l'entrée du souterrain; mais le cheval qu'il montait recula en frémissant. Sans perdre de temps, il mit pied à terre, fit un signe de croix, tira son épée, et se précipita dans les ombres.

Avant que le scheik eût exhorté ses guerriers à courir à

1. *Un roc immense.* — C'est le mont Ausena et la Cava-Donga.

l'aide de l'audacieux inconnu, celui-ci reparut portant dans ses bras une femme couverte d'une robe ensanglantée.

Écarter vivement de longs cheveux noirs, regarder, pâlir, jeter un cri terrible et tomber à genoux auprès de son funèbre fardeau, telles furent les actions rapides du chrétien.

Hassan n'hésita plus. Il s'élança à terre, fit étinceler son sabre, commanda à ses guerriers de le suivre, et se jeta à son tour dans la caverne.

C'était un lieu vaste, creusé par la nature au flanc des montagnes, entouré de roches saillantes et vives. Un jour douteux, arrivant de la principale entrée, ou tombant d'en haut à travers quelques crevasses, coupait çà et là de ses compactes rayons la profondeur des ténèbres.

Le scheik ordonna à ses guerriers de ramasser des branches sèches, des feuilles mortes, des pierres vitrifiées, et de produire ainsi de la lumière; mais, au même instant, une voix demanda :

— Qui cherchez-vous?

— Toi! répondit le scheik avec un accent étrange mêlé de douleur et d'indignation; je t'adjure par tous les Prophètes, de sortir de l'ombre et de venir jusqu'à moi!

Un homme, couvert d'un large burnous, sortit du fond de la caverne. Hassan le prit par la main, l'entraîna jusqu'à l'entrée du souterrain, et le regarda longtemps d'un œil fixe.

— Megnoun, dit-il enfin en montrant le cadavre étendu auprès du chrétien; Megnoun, il y a du sang ici! Qui donc est le meurtrier?

Megnoun avait un instant pâli sous le regard de son père; mais, surmontant peu à peu son trouble, il répondit d'un ton froid :

— Cette esclave s'est percé le sein d'un poignard qu'elle

portait caché sous ses vêtements; cette esclave a préféré au harem d'Abdoulaziz le lit de la tombe. Dans le premier moment de mon effroi, de crainte qu'on ne m'accusât de sa mort ou qu'on insultât à ses restes, je suis venu renfermer ce secret affreux dans cette vallée inconnue. Allah vous a tout découvert, ô scheik, et vous a conduits!

— Pourquoi donc, ô Megnoun, reprit tristement le vieillard, pourquoi n'as-tu pas gardé près de toi les guerriers que je t'avais donnés pour escorte?

Megnoun réfléchit pendant un moment; puis, affectant autant d'indifférence que de dignité, il répondit :

— Un homme peut protéger une femme, ô Hassan, si ce n'est contre Azraël! J'avais honte d'être escorté dans une promenade comme dans une bataille!

Le scheik fixait toujours sur son fils un regard sombre et pénétrant. Parfois il secouait la tête d'un air de doute et de désespoir. Tout à coup il se baissa vers la terre, cueillit une petite fleur parmi les mousses, et la présenta à Megnoun, en lui disant :

— Par celui qui créa cette fleur, jure-moi que tu n'as pas tué cette femme!

Megnoun prit la fleur, la regarda longtemps avec tristesse, et la rendit avec effort au vieillard; il tomba aussitôt prosterné sur la terre.

— Parle! dit douloureusement le scheik.

— Je ne veux point, répondit Megnoun d'une voix faible, faire un faux serment devant Allah; je le sens, mon courage fléchit déjà sous l'horrible poids d'un seul crime. J'ai tué cette femme.

— Je l'aimais, poursuivit le jeune maure avec un égarement croissant; je l'aimais d'un amour immense que je comprimais en vain dans mon cœur; je la désirais plus ardemment que vous ne désirez les houris de l'Eden; j'eusse versé pour elle, et goutte à goutte, tout le sang qui coule dans mes veines; pour elle, au moindre signe de sa main, au premier mot de ses lèvres, je me serais jeté dans un bûcher dévorant: et pourtant j'ai tué cette femme! Je me suis séparé de mes compagnons afin de l'avoir toute seule en ma puissance; j'ai renvoyé le fidèle Nassim afin que vous crussiez à ma mort et que vous m'oubliassiez avec ma proie; je l'ai conduite loin des hommes afin de m'enivrer, dans toute la sécurité du mystère, des voluptés que je méditais; ne pouvant enfin triompher de son dédain par mes paroles brûlantes, par mes suppliantes caresses, j'ai..... j'ai tué cette femme! Maintenant, tuez-moi! tue-moi! tue moi, scheik, car j'ai trahi ta volonté! tue-moi, mon père, car j'ai méprisé la femme que tu m'as donnée! tue-moi, guerrier, car j'ai commis le plus abominable des crimes! tue-moi! tue-moi surtout parce qu'elle est morte et que je ne puis plus vivre!

— Malheureux! dit Hassan en levant son cimeterre; malheureux! répéta-t-il en le laissant retomber.

La belle tête de Megnoun se détacha, bondit sur la mousse, et roula jusque dans les flots qui parurent sanglants.

Le scheik regardait mourir son fils, impassible.

Cependant les six cavaliers, mornes et attentifs devant cet acte de justice barbare, étaient demeurés à l'entrée du souterrain. Seul, étranger à ce qui se passait à ses côtés, le chrétien, toujours à genoux, paraissait anéanti dans sa douleur muette. Le scheik fit trois pas vers lui, en le bénissant de la main.

— Relève-toi, ô chrétien! dit-il; ta fiancée est vengée!

Le chrétien tressaillit, leva la tête, et regarda, troublé comme au sortir d'un rêve. Il aperçut enfin le corps de Megnoun.

— Ah! s'écria-t-il en se redressant; c'est le meurtrier!

— Megnoun! dit Hassan d'une voix lugubre.

—Ton fils! repartit vivement le chrétien, oubliant son propre malheur à l'aspect d'une plus grande infortune.

Pour toute réponse, le vieillard essuya une larme, une seule larme qui cherchait à se frayer un passage entre des paupières depuis longtemps desséchées.

Les deux infortunés se regardèrent.

En ce moment, un bruit monotone et sourd, semblable au roulis des flots contre les rocs, aux lourds murmures des vents dans une chaîne de monts, aux lointains piétinements d'une grande foule, se faisait entendre en se prolongeant. Les cavaliers maures écoutaient.

Ce bruit étrange devenait de plus en plus distinct, et ressemblait de plus en plus à celui que font une multitude de cavaliers qui s'avancent. Les échos commençaient de s'éveiller au sein des rochers; la terre elle-même mugissait émue.

— Et quelle main a frappé ton fils? demanda tout à coup et lentement le chrétien.

— Celle-ci! répondit Hassan, en étendant son bras droit encore armé du cimeterre sanglant; est-ce que je ne m'appelle pas Hassan-le-Juste?

Malgré la tranquillité du vieillard, l'accent dont furent prononcés ces derniers mots, révéla l'étouffement douloureux d'un rire convulsif.

Des cavaliers goths entraient alors dans la vallée. A leur aspect, l'inconnu fit un mouvement de surprise.

— Pressez-vous à mes côtés, dit-il au scheik et à ses guerriers; voici venir vos ennemis!

Les goths s'avançaient rapidement; en voyant les maures, ils poussèrent de grands cris, et firent briller leurs épées; mais l'inconnu marcha vers eux.

— Amis, dit-il à voix haute, ces sarrazins m'ont accordé l'hospitalité; serez-vous moins généreux que des infidèles?

Puis, voyant leur prompte soumission, et leur montrant le cadavre de la victime de Megnoun :

— Guerriers, reprit-il d'une voix qui, malgré lui se remplit de larmes, récitez les prières des morts sur ces nobles restes : ce sont ceux de la belle et malheureuse Hermésinda, de la fille du duc Athanaric !

Les cavaliers goths obéirent ; la plupart descendirent de cheval, et s'agenouillèrent autour du cadavre de la fille d'Athanaric.

Le nombre des arrivants augmentait sans cesse : toute la vallée en fut couverte.

— Vieillard, dit alors l'inconnu au scheik maure, je puis te dire à mon tour : sois en paix, il ne t'arrivera que du bien ! reste ou pars, sois mon hôte ou reprends le chemin qui mène à ton camp, j'aurai soin de faire inhumer le corps de ton fils coupable.

— O chrétien, répondit Hassan avec abandon, nous avons eu tous les deux de rudes épreuves à supporter ; mais, — louange à Allah ! — les événements sont écrits et s'accomplissent. Avant de te quitter pour jamais, ô mon hôte, ô toi pour qui j'ai tué de ma propre main le dernier de mes quatre fils, ne puis-je apprendre enfin comment on te nomme ? Qui donc es-tu, toi qui sembles commander à ces milliers de guerriers que je vois rassemblés dans cette ténébreuse retraite ?

— Cette ténébreuse retraite, vieillard, répondit l'inconnu avec effort, est célèbre par une grande bataille que nous remportâmes sur tes compagnons, ayant pour nous la protection miraculeuse du ciel. Quant à moi, je suis en effet le chef de tous ces guerriers ; je suis...

— Fils de Favila, dit une voix à leurs côtés, duc Pélage, je te salue ! salut au roi d'Oviédo !

Le chrétien tressaillit, et se détourna vivement. L'archevêque Urbain, vêtu à la hâte des ornements pontificaux, et portant à la main une couronne d'or, s'avançait.

— Ah! murmura Pélage à demi-voix, mais avec un sourire involontaire, voilà mon rêve accompli! Je suis roi!

Il plia les genoux devant le prélat qui lui mit la couronne sur la tête, et le bénit. En même temps, un cantique chanté par quelques prêtres et par un grand nombre de guerriers, s'éleva dans les airs, harmonieux, imposant, sublime.

Pélage, couronné roi, se leva debout, et salua d'un geste noble les guerriers goths qui répondirent par des acclamations bruyantes; s'adressant ensuite au vieux scheik qui contemplait cette cérémonie imprévue avec son calme habituel :

— O vieillard, dit le fils de Favila, la gloire console parfois de l'amour; un royaume peut faire oublier une femme! mais toi, malheureux père, qui calmera tes souvenirs? qui soulagera ta douleur?

Le scheik Hassan prit la main du roi Pélage, et la baisa; puis, avec un sourire déchirant, il répondit :

— Allah!

Ayant dit ce mot, il fit signe à ses compagnons de le suivre, et il s'élança sur sa cavale. Pélage étendit la main : les chrétiens ouvrirent leur foule profonde; les Alabez se réunirent, se serrèrent, et partirent.

La nuit l'emportait déjà sur les dernières teintes du couchant, lorsqu'ils arrivèrent à leurs tentes. Le camp, suivant la coutume, était illuminé par de grands feux. Au milieu s'agitaient, semblables aux vagues d'une mer orageuse, un rassemblement de mauresques et de guerriers.

Pressentant quelque nouvelle douleur, Hassan s'avança précipitamment vers cette foule; à la clarté des flammes, il aperçut Nassim étendu sur la terre, et, près de lui, Zoharah poignardée, tenant encore dans ses bras une tête sanglante.

Nassim avait emporté ce reste horrible du guerrier qui l'avait nourri; franchissant ensuite comme un éclair une distance immense, il était tombé mort en arrivant.

FIN DE MEGNOUN.

LA PÉRI.

LA PÉRI.

Allah Akbar!

I.

En l'an deux cent six de l'hégire, sous le kalifat d'Abdelaziz-el-Haccham, à Cordoue, vivait un pauvre maure nommé Mohammed-Moundir. C'était, dit-on, un homme pieux, sage et savant, qui n'avait pour subsister qu'un petit commerce de drogues et de médicaments. Bien qu'il manquât souvent des choses nécessaires à l'existence, il ne proférait jamais un mot de plainte, de malédiction; et lorsque, traînant une robe usée et déchirée, il pénétrait auprès des malades pour les guérir ou les consoler, il ne songeait pas toujours à demander le salaire qu'il avait dignement gagné. Ses ennemis, — les misérables en ont comme les heureux, — ses ennemis lui donnaient le surnom *el Zahed*, c'est-à-dire, en langue chrétienne, *le Misanthrope, le Méchant* : mais ses amis, — et la pauvreté n'en a que de véritables, — ses amis le saluaient en l'appelant : *Mohammed-el-hakim, Mohammed-el-Abdâllah, Mohammed-el-adib*, c'est-à-dire, Mohammed le médecin par excellence,

Mohammed le serviteur d'Allah, Mohammed le pieux et le savant.

Mohammed-Moundir avait pour femme unique et légitime, une fille de l'Atlas, qu'il avait surnommée *Abriz*, c'est-à-dire, *Or pur*, soit à cause de la couleur de son visage, soit à cause de l'incorruptible beauté de son cœur. Ces époux vivaient tranquilles, sinon heureux; elle, jeune encore; lui, descendant déjà le dernier penchant de la montagne de la vie.

Les yeux humides et les lèvres souriant, Abriz ayant fait un jour une douce confidence à Mohammed, celui-ci remercia gravement Allah, puis se mit à soupirer, en disant : — Comment pourrons-nous élever un enfant, nous qui ne pouvons pas nous nourrir nous-mêmes?

Mais, ayant baissé ses regards sur Abriz, et remarquant la douleur qu'il venait de lui causer :

— Ne pleure pas, femme, ajouta-t-il; j'ai mal parlé. Puisque Allah donne un rejeton à ma vieillesse, c'est qu'il prévoit que ma vieillesse aura besoin d'un rejeton. Salut au rameau fécond qui couvrira de feuilles, de fleurs et de fruits le tronc à demi mort de l'olivier! Que la volonté d'Allah s'accomplisse!

Avec la mobilité de la femme, Abriz, à ces mots, passa de la tristesse à l'espérance; et ses larmes se séchèrent dans ses yeux.

— Si c'est une fille, reprit Mohammed, tu l'instruiras de ses devoirs envers Allah, envers ses parents, envers ses frères; qui mieux que toi remplirait cette tâche? Si c'est un fils, je me charge de le rendre habile dans toutes les sciences : il n'est point d'autre trésor que le savoir.

Les jours s'écoulèrent; celui marqué pour la délivrance d'Abriz arriva. C'était un vendredi, jour de la prière et du repos. Mohammed-Moundir eut un fils.

En ce temps-là, une grande disette affligeait tous les peuples du kalifat d'Occident. En vain Abdelaziz-el-Haccham faisait acheter à grand prix les moissons des pays voisins, et les faisait revendre à bon marché dans son empire; héritier d'un conquérant, occupé sans cesse à fonder et à défendre, manquant de vaisseaux et même de fleuve navigable, — car le lit du Guadalquivir ne devient profond que lorsqu'on s'approche de la mer, — le kalife entendait encore autour de son palais rugir le cri de la faim.

Au jugement des hommes, il y a loin des souffrances d'une grande nation à celles d'un père isolé : mais Allah, le juste Allah, mesure le breuvage amer au vase qui le contient. Le jour où Mohammed eut un fils, il ne possédait pas une seule pièce de monnaie; Abriz reçut d'une main amie les secours qu'exigeait sa position; l'enfant s'attacha un instant au sein de sa mère; quant au père, il alla s'asseoir sur la terrasse de sa maison, et regarda la nuit tomber.

Comme il avait levé les yeux vers le ciel, il fit tout à coup un mouvement de surprise. Entre *Sad saghir* et *Sad kébir*, c'est-à-dire, entre les *Sadani*, que d'autres nations appellent les *Planètes heureuses*, brillait une étoile inconnue. Mohammed-Moundir était un astronome habile; et, la veille de ce jour, il avait encore observé les cieux. Doué d'une imagination assez vive, possédant une grande foi en la toute-puissance d'Allah, il regarda comme l'astre de son fils, l'astre qu'il voyait étinceler pour la première fois avec un éclat mêlé d'émeraudes, d'opales et de saphirs.

Étant redescendu dans sa maison, Mohammed s'assit en silence auprès du berceau de son enfant.

— Fils de ma vieillesse, pensa-t-il tout haut, l'orgueil vient-il m'abuser? ta naissance est-elle un prodige? Que seras-tu donc un jour parmi les hommes? Et maintenant, quel doit être ton nom?

— *Bar-Cokba!* murmura une voix.

Mohammed tressaillit; puis, s'étant levé vivement, il regarda autour de soi : il n'aperçut, il ne découvrit personne, hormis Abriz, laquelle était profondément endormie. Seulement, des rayons de lumière diversement colorés traversèrent l'air de la chambre, et on entendit comme un léger battement d'ailes mélodieuses.

Mohammed devint encore plus pensif. Il se ressouvint alors que *Bar-Cokba*, en langue chaldaïque, signifiait *Fils-de-l'Étoile*; il reprit au bout d'un instant :

— Oui, *Bar-Cokba*, cela est juste! Oui, *Fils-de-l'Étoile*, et pourtant aussi mon fils! Si j'en crois les enchantements qui m'environnent et les pressentiments de mon âme, Bar-Cokba, tu es voué à quelque chose de bon : est-ce à la gloire? est-ce au bonheur?

Ayant dit ces mots, il s'avança vers le lit sur lequel dormait Abriz; mais il s'arrêta tout à coup.

— L'amour d'une mère, se dit-il, et d'une mère comme celle-ci, a-t-il besoin d'être excité par des prodiges? Ménageons plutôt la vanité naturelle au cœur de la femme. Havah, dit l'Ingil des peuples infidèles, quoique pure comme l'aurore, perdit le père des hommes et tous les hommes, au moyen d'un fruit défendu : qui sait si l'orgueilleuse indiscrétion de ma bonne Abriz, n'attirerait pas sur un enfant prédestiné la colère des imans et celle du kalife?

II.

Cependant le kalife Abdelaziz-el-Haccham mourut, et fut remplacé par son fils Abdalrahman, que ses conquêtes firent surnommer le *Victorieux*. Allah avait cessé de persécuter les peuples du kalifat d'Occident; il ramenait la fraîcheur des vents, il versait les pluies des nuages, il couvrait les arbres de fleurs et les campagnes de moissons. Les habitants de Cordoue s'étaient déjà ranimés, comme un essaim d'abeilles aux premières brises du printemps.

La pauvreté s'enfuit alors de la maison de Mohammed-Moundir, sans toutefois faire place à la richesse. Le vieillard employa les années suivantes à grossir l'héritage de son fils; héritage qui devait se composer d'une petite maison, d'un verger de grenadiers, et d'un millier de dinars.

— Tout cela est peu de chose, pensait le sage; mais il faut une première olive pour en former un boisseau. Lorsqu'il voit le ciel pur et doux, l'oiseau, dans son vol joyeux, parcourt l'immensité de l'espace; mais il ne cherche qu'un bosquet pour s'abriter de l'ouragan.

Bar-Cokba, c'est-à-dire, Fils-de-l'Étoile, atteignit enfin l'âge d'être initié aux sciences et aux arts connus en ces temps. Comme un sculpteur le fait d'un bloc de marbre, Mohammed s'empara de cette jeune intelligence, et voulut la façonner à son gré; mais quel fut son désappointement de la trouver rétive et froide! A la faculté de comprendre ne correspondait pas toujours la faculté de se souvenir; ou bien, quand la mémoire avait retenu, l'imagination semblait y passer un coup d'éponge, comme pour y effacer jusqu'au moindre trait. Et puis, Fils-de-l'Étoile avait des aptitudes bizarres. A la science des mots, *elm-al-kelam*, à celle des lignes, *elm-al-hendassah*, à la chimie, *al kimia*, à la jurisprudence, *elm-al-fek*, et même à l'astronomie, *elm-al-nodjioum*, il préférait la chiromancie, *elm-al-kef*, la divination, *elm-al-zeyr*, la magie, *al shir*, et surtout la poésie, la *magie permise, al shir halal*, comme disent quelques écrivains persans; mais il aimait encore mieux un beau chapitre du Koran lu d'une voix douce par Abriz.

Dans son orgueilleux amour pour toute sorte de science,

Mohammed-Moundir, déplorant la faiblesse intellectuelle de son fils, voyait périr l'une après l'autre, comme les fleurs d'un grenadier coupé par la base, les belles espérances qu'il avait conçues jadis. Fils-de-l'Étoile n'était qu'un enfant humain, ordinaire, dégénéré! Mais que signifiaient les merveilles de sa naissance? Etait-ce une vision trompeuse, une création imaginaire d'un esprit troublé par la faim? Et l'astre inconnu qui, toujours éclatant et pur, se levait chaque soir entre les *Planètes heureuses*, prédestinait-il un autre enfant?

A seize ans, au moment où l'âme humaine, sortant des tâtonnements de l'ignorance, est près de se précipiter dans le tumulte des passions, Fils-de-l'Étoile était resté un enfant; naïf et rêveur, doux et aimant, il se montrait quelquefois inquiet et chagrin : mais sa tristesse ne lui venait jamais des personnes ni des choses qu'il coudoyait; elle semblait vivre dans son cœur. Il allait souvent parcourir les campagnes de Cordoue, et franchissait sans avoir l'air de songer, les collines et les ravins.

Un jour, au grand étonnement de Mohammed et d'Abriz, Fils-de-l'Étoile, le teint animé, l'œil étincelant, la démarche fière, rentra précipitamment à la maison, et courut ouvrir un vieux manuscrit cabalistique qui traitait de la substance et des attributs des *Esprits supérieurs*, c'est-à-dire, des *Anges*, des *Dives*, des *Djinns* et des *Péris*.

Or, voici ce qui s'était passé.

Pour mieux entendre un *Bulbul* [1] qui chantait sur un grenadier, Fils-de-l'Étoile se hâta de se lever et de s'habiller. L'aube du jour paraissait à peine. L'oiseau, se voyant suivi, voltigeait de maison en maison, d'arbre en arbre, entraînant sur ses mélodieux accents le jeune maure qui, semblable à un captif conduit par une chaîne invisible, s'éloignait de plus en plus de Cordoue.

1. Rossignol.

Au moment où l'oiseau s'enfuit devant le soleil, Fils-de-l'Étoile, revenant à lui-même, se vit avec surprise au sommet d'une haute montagne, sur un plateau qu'il n'avait pas encore visité. Il contempla la plaine immense qui se déroulait devant lui comme un tapis asiatique aux mille couleurs, aux mille ornements.

A sa droite il distinguait, sur une fraîche et vaste nappe de verdure, le cours sinueux du Guadalquivir. Çà et là d'élégants bosquets d'orangers élevaient leurs têtes fleuries; Cordoue, étendue au bord du fleuve, avec les terrasses de ses maisons et les dômes de ses mosquées; Séville, au loin, toute voilée d'une brume d'azur.

Fils-de-l'Étoile pouvait entrevoir, à sa gauche, les campagnes délicieuses et les nombreuses cités du naissant royaume de Grenade; puis, tout à fait à l'horizon, les deux rochers gigantesques que les peuples de l'antiquité regardaient comme les bornes de l'univers.

Ce paysage magnifique était devenu plus merveilleux encore sous les rayons dorés du matin; glissant de vallon en vallon, de forêt en forêt, d'édifice en édifice, la lumière illuminait insensiblement les beautés de la nature et les monuments des hommes. Les progrès d'un jour nouveau, la fuite des lointains brouillards, les vifs reflets des flots du fleuve, et l'apparition soudaine d'un objet auparavant confondu dans les teintes roses de l'horizon, quelle succession, quelle variation de tableaux sublimes! Aussi lorsque le soleil, s'élançant à la voûte des cieux, inonda de toute sa splendide puissance ce monde, digne d'un pareil flambeau, Fils-de-l'Étoile, cédant à une sorte de ravissement, se redressa de toute sa hauteur pour saluer, pour honorer Allah, représenté par l'astre du jour!

Ses yeux blessés se baissèrent.

Il crut entrevoir une ombre légère devant lui passant et repassant plusieurs fois : était-ce le résultat de la blessure faite à ses yeux par la lumière? Un doux balancement d'ailes frémissait à son oreille : était-ce encore le vol du mélodieux bulbul? Une suave exhalaison de parfums chatouillait son odorat : était-ce le passage de la brise sur les bosquets d'orangers?

Profondément ému, il éprouvait un inexprimable mélange de crainte et d'ivresse, de surprise et de pressentiment; et, devinant que quelque chose de nouveau allait se révéler à son âme, il demeurait debout, le front penché, les yeux à terre, la main sur son cœur, sous les ardents rayons du soleil.

Alors il entendit une voix pleine de mélodie enchanteresse prononcer quelques paroles dans un langage inconnu, langage qu'il eut intuitivement le don de comprendre, mais dont aucune expression humaine ne rendrait jamais ni le charme persuasif, ni l'enivrante volupté.

— Bar-Cokba, disait la voix, la crainte respectueuse qui te fait trembler en ma présence n'a rien qui puisse me déplaire; toutefois je t'ordonne de te rassurer. Je suis ta protectrice, ton amie. Ne me dois-tu pas le nom que tu portes? ne l'ai-je pas laissé tomber sur ton berceau? Si tu me revois aujourd'hui, c'est que ta raison a besoin d'un guide. J'arrive du *Djinnistan*, pays des esprits supérieurs à l'homme; je ne suis pas l'une des moins belles, l'une des moins puissantes des *Péris*. Quant à mon nom, tu l'apprendras quelque jour; et peut-être, si tu le mérites, t'apparaîtrai-je sous une forme qui n'échappera point à tes sens. Ecoute-moi, Bar-Cokba; écoute bien, et souviens-toi! Je t'aime parce que je t'ai choisi : que te fait à toi que ma protection soit le résultat d'un caprice? Je viens de toucher ton front de mon doigt inspirateur; si tu le veux, ton intelligence va devenir aussi vaste que la nôtre. Mais ne redoute point le travail. Il est deux champs féconds qu'il faut toujours défricher et ensemencer : l'esprit et la terre. Bar-Cokba, sais-tu quelle est la distance qui sépare l'homme instruit de l'homme ignorant? Cette distance est plus grande que celle de la lumière la plus éclatante aux ténèbres les plus épaisses, plus grande que celle de la vie à la mort, que celle de la chose au néant. Tu m'as entendue : choisis. Et si tu tiens à me revoir, ne raconte à personne, pas même à ton père, notre rencontre en ce moment.

A ces mots, la voix se tut, les ailes cessèrent de battre, et les parfums se dissipèrent. Après un moment de respectueuse immobilité, Fils-de-l'Étoile sentit dans son âme la force et l'exaltation succéder à la crainte et à l'étonnement. Il reprit le chemin de Cordoue, et il porta sous le toit de son père, avec le reste des émotions de cette matinée, une avide curiosité. Le désir de pénétrer au fond de toutes les connaissances humaines ne le quitta plus de longtemps. Lorsque sa lampe avait brûlé une longue nuit d'étude, la fraîche lumière du matin venait calmer ses yeux fatigués sans l'arracher à ses lectures; de sorte qu'au bout de deux ou trois années, il put recevoir à son tour, au grand ravissement de Mohammed-Moundir, le surnom de *el-adib,* c'est-à-dire, le philosophe, le savant.

III.

Lorsque Fils-de-l'Étoile n'eut plus rien à apprendre, il fut pris d'un mal que quelques hommes privilégiés ont connu, et que les sages de Schiraz et d'Ispahan appelaient le *désespoir de la vanité du savoir*. Embrassait-il d'un rapide coup d'œil toutes les sciences qu'il avait longuement approfondies, il s'étonnait de sa pauvreté. Un moment il s'était vu grand comme le monde et puissant comme un génie, il se retrouvait imperceptible comme un atôme, inanimé comme le néant.

Il reprit ses premières habitudes de promenade et de rêverie. Quelquefois un désespoir frénétique l'entraînait comme un vent d'orage entraîne une feuille desséchée; d'autres fois, il s'asseyait sur une colline, au bord d'un ruisseau, accusant la mystérieuse Péri de lui avoir manqué de parole, ou l'appelant à haute voix.

Un soir, l'air était si doux qu'il allanguissait les sens comme l'arôme des parfums asiatiques, qu'il flattait les lèvres comme le velours d'un fruit vierge. La lune, naissante et belle, projetait l'ombre des grands arbres sur le cours argenté d'un ruisseau près duquel Fils-de-l'Étoile s'était assis. Le monde s'endormait dans le silence; on entendait à peine le frémissement des flots. Le jeune maure ne put résister à cet enchantement de la nature; il sentit l'amas de son amertume se fondre tout à coup dans son cœur, et monter en larmes dans ses yeux.

— Spectacle ravissant! impression divine! magique rêverie! s'écria-t-il, et je me plains! et je déplore ma destinée, moi qui possède des sens assez étendus, assez délicats, pour me faire éprouver une émotion aussi sublime!

A mesure qu'il prononçait ces paroles, il crut entrevoir comme un rayon de lumière qui descendait jusqu'à ses pieds; il crut entendre un bruit d'ailes déjà connu; il crut sentir un parfum qui ne ressemblait pas à tous les autres : il comprit instinctivement qu'il se retrouvait en présence de la Péri.

— Bar-Cokba, dit aussitôt la voix mystérieuse, tu viens de m'évoquer par des paroles plus puissantes que tous les charmes des magiciens de la terre, plus caressantes que toutes les prières des hommes. Je réponds toujours à l'appel d'une belle âme. Dis-moi, ne m'as-tu pas reconnue?

Fils-de-l'Étoile ne put que murmurer quelques paroles inintelligibles; mais il s'agenouilla en posant la main sur son cœur. La voix harmonieuse poursuivit :

— Mes divines larmes ont coulé, Bar-Cokba; mes larmes

ont coulé sur toi. Pauvre Péri, j'ai passé de longs moments sans oser vivre de la vie habituelle à mes pareilles, sans voyager sur les rayons de la lumière, sans me nourrir du parfum des fleurs, sans me désaltérer de leur rosée. Toi seul as été cause de ma douleur. Ne t'ai-je pas vu trop enivré de tes travaux? trop orgueilleux de mes bienfaits? Es-tu donc un mercenaire? as-tu besoin de récompense? Et ton âme, que j'ai choisie, va-t-elle s'emplir de vaines passions? Crois-moi, disciple chéri, la science n'est point la couronne de la vanité : la science est l'aile d'un mortel, de la terre jusqu'à l'Éden!

Surpris du ton de reproche qui perçait dans ces paroles, Fils-de-l'Étoile resta muet encore, et ne changea pas de position.

— Mais à présent, reprit la voix avec une douceur inexprimable; à présent que tu as reconnu toi-même qu'il est de plus nobles plaisirs que ceux de l'orgueil, j'accomplis en te visitant, la première de toutes mes promesses. As-tu quelque chose à me demander?

— O toi, qui te balances devant moi sur tes ailes invisibles, répondit le jeune maure avec respect; ô toi, dont la présence est comme un avant-goût de l'Éden, quels souhaits puis-je faire encore? Ne condescends-tu pas à me protéger? Mélodieuse Péri, je t'abandonne le soin de ma destinée. Agenouillé devant toi, j'ose à peine élever la voix pour te remercier, pour t'adorer : mais ne comprends-tu pas l'amour qui vit pour toi dans mon cœur, et que ma bouche cherche vainement à t'exprimer? Pardonne à mon ignorance ou à mon désespoir des mouvements ambitieux et des paroles amères : j'ai tant souffert de ton abandon! T'entendre, n'est-ce pas désirer de t'entendre une seconde fois? Qui pourrait t'avoir connue et t'oublier?

— Que dis-tu, Bar-Cokba, reprit la Péri; depuis deux ans, tu ne m'as donc pas revue? Oublies-tu les beaux songes de tes nuits? et les nobles pensées de tes jours, les oublies-tu? Mais avec toi je m'aperçois qu'il faudra souvent pardonner. Je ferai plus; je devancerai l'époque que j'avais fixée pour l'accomplissement de quelques-unes de mes promesses. Écoute. Viens sous ces arbres au point du jour; il s'agit de découvrir ici un trésor. Pas un mot de plus; à demain!

Fils-de-l'Étoile n'eut garde de manquer au rendez-vous. Aux premières lueurs du soleil, aux premiers chants des oiseaux, la terre, comme une sultane un jour de fête, avait revêtu des habits chargés de diamants; le ruisseau lui-même semblait rouler des pierreries étincelantes.

Soit que l'insomnie eût excité ses sens, soit qu'il se trouvât sous l'empire d'une influence étrangère, Fils-de-l'Étoile, pour la première fois, reconnut sa propre grandeur au milieu de l'universelle création. Prenant possession d'un monde dont son intelligence le faisait roi, il redressa la tête vers le ciel, le cœur plein de ravissement et de dignité.

Il voulut parler, mais ses lèvres ne possédaient plus le même langage. Sa voix transformait en mots jeunes et sonores les mots les plus sourds et les plus usés. Ses paroles coulaient comme les flots de la source voisine, avec éclat, avec mélodie, avec rapidité. Chaque phrase, semblable à l'oiseau qui ouvre ses ailes après avoir dérobé un beau fruit, s'échappait avec la pensée, et l'emportait dans les airs. Chaque accent, miroir étrange, réfléchissait une image, et représentait les plus insaisissables objets de la nature, les contours, les parfums, les murmures, les mouvements, les couleurs.

Fils-de-l'Étoile était poëte.

Au même instant il entendit, passant comme une brise, la voix mystérieuse qui murmura :

— Bar-Cokba, tu as ton trésor!

IV.

C'était un usage alors d'afficher des pièces de vers à la porte des mosquées, et de laisser au jugement de tous le soin de proposer et de décerner un prix. Les maures d'Espagne avaient, comme leurs frères de l'Arabie et du Désert, une grande vénération pour les poëtes, et un grand désir de les connaître, de les encourager, de les honorer. C'est pourquoi Jahiah-al-Gazal, rimeur favori du kalife, avait défié ses rivaux, au moyen de quelques vers que le peuple de Cordoue allait lire et commenter chaque jour à la porte de la Grande-Mosquée.

— Oui, s'écria Fils-de-l'Étoile, il faut accepter la lutte. Mieux vaudrait l'orgueil téméraire que l'inféconde irrésolution. Si je remporte la victoire, quelle gloire sera la mienne! Si je succombe, en serai-je déshonoré? Le guerrier montre des blessures avant d'énumérer ses triomphes; avant de cueillir la palme sainte, le pèlerin traverse de longs et brûlants déserts.

Le lendemain, la ville entière déclara que le poëte favori de Sa Hautesse avait trouvé un vainqueur.

Fils-de-l'Étoile reçut, de la part du kalife, deux cents pièces d'or, qu'il employa à faire des présents à Mohammed-Moundir et à Abriz. Quant à lui, cédant à l'instinct qui le poussait à prendre son rang, il s'habilla comme un jeune émir. Dans la suite, il composa d'autres poèmes, il grandit en renommée, il mit sa famille à l'abri de la crainte et de la pauvreté.

La gloire ne remplit pas le cœur. Les désirs de l'homme ressemblent aux nefs qui se trouvent dans la Mosquée de Cordoue. En quelque endroit que l'on se place, grâce au plan ingénieux de l'architecte, on découvre devant soi une longue et sombre avenue, aboutissant à une coupole lumineuse; on marche, on avance, on arrive au bout de ces voûtes, et l'on revoit la même disposition architecturale. On peut errer ainsi tout un jour. Les personnes qui passent, comme des ombres silencieuses, entre les intersections des piliers, représentent les fugitives espérances de la vie, ou les plaisirs aussi fugitifs; on croit à leur réalité : mais qui donc ose en être tout à fait sûr?

— O Péri! s'écriait souvent Fils-de-l'Étoile; j'ignore quel est ton rang parmi les génies, quelle est ton influence sur les hommes : je sais seulement que je te dois ma renommée. Souffle brûlant et inspirateur, je n'ai fait que répéter les chants que tu murmuras à mon oreille; je n'ai fait que me ressouvenir un peu de leur indicible harmonie! Mais, ô Péri, quels sont les fruits de ma soumission? quels sont aussi ceux de ma gloire? Lorsque tu descends près de moi, je tombe en un rêve étrange et divin, d'où je sors pauvre et souffrant à l'instant même où tu fuis. Je suis l'écho de la montagne, qui n'est rien en lui-même, mais qu'on éveille et qui répond à toutes les voix. Ne me suis-je pas souvent entretenu avec le matin, avec le soir, avec la brise, avec la fleur, avec l'oiseau? Sais-je à peine ce qu'ils me disent? ce que je trouve à leur répondre? A ton signal, mes pensées s'envolent de mon âme comme des oiseaux de la feuillée et s'en vont se perdre par-delà les nuages; je les regarde et les admire, mais je deviens, comme le nid, silencieux et vide; je n'ai plus ce qui faisait ma joie et mon ornement. Au contraire, on dirait que mes accents emportent avec eux mon bonheur. Est-ce que je puis vivre ainsi?

— Je te comprends, Bar-Cokba, répondit un jour la voix de l'invisible génie; je te comprends, ou, pour mieux dire, je te devine. Tu te méfies de ta protectrice!

— Le Prophète n'a-t-il pas dit : *Les poëtes, trompés par les illusions d'Eblis, le suivent : ne les as-tu pas vus errer dans les vallées? Ils disent, mais ils ne font pas!*

— Insensé, qui me crois un esprit méchant! Le Prophète

n'a-t-il pas aussi enseigné que s'il est parmi nous des génies pervers, il en est de vertueux? *Lorsque le serviteur d'Allah s'arrêta pour prier sous un arbre du désert, mes compagnons et moi, nous nous pressâmes en foule pour l'écouter?* [1]

— Eh! bien, répartit Fils-de-l'Etoile, si tu es telle que tu le dis, pour la dernière fois je t'abandonne ma destinée. Mais, au nom du Miséricordieux, dissipe les nuages qui m'environnent! Rends enfin la paix à mon cœur et la certitude à mon esprit!

— Je ne puis te promettre tant de choses, Bar-Cokba, répliqua la Péri; n'es-tu pas la créature d'Allah? Homme, n'es-tu pas, comme tous les hommes, soumis aux épreuves réservées à l'humanité? Pour moi, je ne t'ai choisi que pour traduire en langage humain mes révélations célestes. Obéissant en apparence à deux maîtres, il te faut un double courage, il te faut un double dévouement. Pauvre voyageur prédestiné, tu dois traverser un océan profond et orageux, et tu n'es encore qu'au rivage; jeune solitaire inquiet, tu dois voir s'évanouir d'autour de toi les amitiés et les amours, et tu ne gémis encore que sur toi-même. Mais ne crains rien : toute peine a sa récompense, et se termine par le repos; toute douleur contient une sorte de charme, et aboutit au souvenir ou à l'espérance.

— Allah est grand! s'écria le maure en croisant les mains sur sa poitrine; et ta voix, ô Péri, est irrésistible! Que ta volonté s'accomplisse!

— A bientôt donc, ajouta gravement le génie mélodieux; mon cher disciple, à bientôt!

1. Voyez le Koran, *passim*.

V.

Peu de jours après cet entretien, Mohammed-Moundir tomba mortellement malade; dans les dernières angoisses de son existence, il trouva de douces consolations dans les soins et dans les paroles de sa femme et de son fils.

Suivant la coutume, Abriz ensevelit elle-même le corps du vieillard dans un linceul de soie; puis, après un dernier baiser, elle le couvrit d'un voile que la main seule d'Allah devait soulever. Elle laissa alors à la garde de son fils ces restes inanimés.

Fils-de-l'Étoile s'assit auprès du cadavre, et se mit à sangloter. Pour la première fois, ses larmes étaient amères et douloureuses; elles avaient pour cause, non un vain tourment de l'âme, non une vague inquiétude de l'esprit, mais le sentiment désespéré de la plus réelle de toutes les infortunes. Dans ses réflexions sur la nature et sur l'homme, le jeune maure n'avait pas encore entr'ouvert la tombe, ni remué la dépouille d'un ami. Il se rappela la tendre sollicitude et les remarquables conseils de Mohammed-Moundir. A côté de l'image de son père, il entrevit, à travers ses larmes, l'image de toutes les principales époques de son enfance : seulement, ses jeunes années ne souriaient plus; elles ressemblaient à ces paysages que l'on a parcourus à la clarté du soleil, et que l'on revoit, plus tard et rapidement, sous le voile sombre de la nuit.

— O mon père! murmura le fils désolé; dans quelques instants il ne me restera donc plus rien de toi, pas même un peu de poussière! Combien de fois ai-je vu ta présence, semblable à celle du jour, embellir et animer cette maison! Combien de fois ai-je épié le bruit de tes pas, cherché ton premier regard, salué ton premier sourire! Désormais, tu n'iras plus t'asseoir à l'ombre des grenadiers du jardin ; tu ne demanderas plus à l'expression de mon visage les secrètes préoccupations de mon esprit, les vaines illusions de mon cœur ! Le trésor de science que tu possédais a disparu dans un abîme, dans l'abîme où tu viens toi - même de t'engloutir : gouffre effrayant, qui dévore peut-être en même temps le corps et l'âme, la parole et la pensée ! — Serait-il possible, en effet, ô mon père ! ajouta Fils-de-l'Étoile en posant son front dans ses mains ; serait-il possible que toi, qui étais doué d'une intelligence si active, tu fusses réduit à l'inertie, à l'insensibilité, au néant ! ou bien, viens-tu de dépouiller le vêtement humain, et de t'envoler, substance purifiée, au sein du paradis du Prophète? Ton âme est-elle, comme celle de Mohammed, une parcelle de la divine lumière? est-elle retournée à son foyer? es-tu toujours mon père? te souviens-tu maintenant de moi ! me regardes-tu? m'aimes-tu? as-tu conservé, après cette mystérieuse transformation, un lointain écho, une faible sensation de tes amitiés de la terre? Mystère terrible ! doute affreux ! nuit obcure !... Il est, entre la vie et la mort, un voile épais que jamais homme vivant n'a pu ni ne pourra soulever !

— Regarde, Bar-Cokba, dit aussitôt la Péri ; regarde !

Fils-de-l'Étoile releva la tête et regarda, pâle, étonné, stupéfait, comme dans un rêve.

Il vit deux anges qui se tenaient debout auprès du cadavre de son père : c'étaient Mounkir et Nékir, chargés par Allah d'interroger les morts aussitôt qu'ils les voient couchés dans le tombeau.

Mounkir souleva le voile qui couvrait le visage de Mohammed-Moundir, et Nékir dit au corps inanimé :

— Ouvre les yeux, écoute, et réponds !

Le mort ouvrit les yeux, leva la tête, et attendit. Mounkir prit à son tour la parole.

— Lorsque tu vivais sur la terre, ô toi qui n'es plus que poudre en ce moment, qu'as-tu fait des dons d'Allah? qu'as-tu fait de ton intelligence et de ta mémoire?

— J'ai pensé, répondit Mohammed-Moundir, le philosophe, le savant.

Nékir interrogea le mort à son tour.

— Lorsque tu vivais sur la terre, ô toi qui n'es plus que poudre en ce moment, qu'as-tu fait des dons d'Allah? qu'as-tu fait de ton ardeur et de ta sensibilité?

— J'ai aimé, répondit l'époux d'Abriz, le père de Fils-de-l'Étoile, l'ami des hommes.

— Est-ce là tout? demandèrent en même temps Mounkir et Nékir.

— J'ai travaillé, j'ai souffert, ajouta le mort en se recouchant immobile dans ses linceuls.

Mounkir et Nékir firent un signe, et l'ange Azraël apparut.

— Cet homme est un élu d'Allah! s'écrièrent-ils; sépare son âme de son cadavre, et appelle à toi les Azrazils, afin qu'ils la conduisent sous les ombrages de l'Éden.

Azraël étendit sa main puissante sur le mort. Aussitôt la diaphane image de Mohammed-Moundir se leva, laissant sa périssable dépouille sur le cercueil. La chambre, la maison, les airs, les cieux, parurent se fendre et s'ouvrir; les Azrazils descendirent sur des échelles de rayons, et vinrent se ranger autour de l'image légère, qu'ils entraînèrent ensuite vers l'*Asile;* ils chantaient, en s'accompagnant sur des harpes et sur des lyres :

« — Lequel des bienfaits d'Allah nieras-tu? Les élus habitent deux jardins, dans chacun desquels jaillissent deux fontaines; les dates, les grenades, les fruits divers y mûrissent en abondance, et les bananiers divins, tout chargés d'oiseaux charmants, couvrent ce ravissant séjour de leur immortelle verdure.

« — Lequel des bienfaits d'Allah nieras-tu? Tantôt, les élus se promènent sur les bords enchantés du *Kantser;* ce fleuve roule, sur un lit et entre des rives de pierreries, ses eaux plus douces que le miel, plus fraîches que la neige, et plus blanches que le lait : les fidèles en boivent avec des coupes d'argent.

« — Lequel des bienfaits d'Allah nieras-tu? Tantôt les élus, étendus sur des lits de soie , et, revêtus d'habits magnifiques, causent en paix de la vertu; jamais ils ne descendent à la frivolité des discours des hommes; ils se désaltèrent alors avec un vin exquis dont la vapeur n'obscurcit point la raison.

« — Lequel des bienfaits d'Allah nieras-tu? Les élus sont servis par des houris aux regards modestes; la blancheur de leur teint surpasse l'éclat des perles; jamais homme ni génie ne profanèrent leur beauté; leurs voluptueuses faveurs sont la récompense de la vertu, et leur virginité, comme leur jeunesse, n'en demeure pas moins éternelle [1]. »

Fils-de-l'Étoile s'éveilla comme en sursaut : tout disparut.

— Penser et souffrir! aimer et souffrir! s'écria-t-il avec amertume , voilà donc la définition de la vie! Mais pourquoi cette épreuve de douleur?

— C'est qu'Allah a placé le bonheur dans un autre monde, et que l'on n'arrive à ce monde qu'après avoir beaucoup erré dans celui-ci!

Telle fut la réponse de la Péri.

VI.

En ce temps-là le kalife avait fait bâtir, à deux milles de Cordoue, une maison de plaisance qui servait à la fois de rendez-vous de chasse pour les émirs, et de retraite pour les femmes

1. Voyez le Koran, *passim*.

du harem qui désiraient se divertir à la campagne. On appela ce lieu *Zehra* [1].

Soixante ans plus tard, sous le kalifat d'Abdalrahman III, Zehra devint une ville magnifique qui, construite en honneur d'une esclave ardemment aimée, coûta plus de sept millions de dinars à Sa Hautesse. Mais du temps d'Abdalrahman-el-Mouzafer, Zehra n'était encore qu'un riche palais entouré de vastes jardins.

Vers le milieu d'un jour d'orage, deux des femmes appartenant au kalife devaient quitter Zehra pour retourner dans le palais de leur maître; elles ne se mirent en route qu'après avoir entendu les derniers bruits de la tempête, qu'après avoir vu le soleil reparaître à l'horizon.

Couvertes chacune d'un double voile, elles se placèrent sur des mules dont l'amble était plus doux que le balancement d'une barque sur un fleuve calme. Six eunuques noirs, montés sur des genêts andaloux, et le cimeterre à la main, formaient l'escorte. A quelques pas en avant de ce groupe redoutable, un vieux musulman, enveloppé d'un vaste bournous blanc, et coiffé d'un turban vert, — couleur réservée aux personnages de distinction, — chevauchait majestueusement sur une cavale noire comme l'ébène.

S'éloignant toujours de Zehra, la petite cavalcade parcourut environ un mille en bon ordre et assez rapidement; mais, au détour d'une colline, elle fut soudain arrêtée, le chemin se trouvant coupé par un torrent. A la voix du chef des eunuques, on fit halte.

Le vieux musulman proposait de retourner à Zehra, quand le chef des eunuques lui répondit :

— L'ordre du commandeur des croyants est précis : ces deux esclaves doivent rentrer à l'Arrizafa avant la nuit. Dussé-je les

1. Fleur, ornement.

porter moi-même sur l'autre bord en traversant ces flots à la nage, je le ferai! Ne sais-tu pas, digne vieillard, que lorsque le maître ordonne, pour nous, entendre c'est obéir?

En disant ces mots, le chef des eunuques se mit à suivre la rive du torrent, examinant avec attention le mouvement des flots et la disposition du terrain. En cet endroit coulait un petit ruisseau dont les eaux, ordinairement limpides et peu profondes, étaient alors grossies par les pluies et agitées par la tempête, de sorte qu'il était impossible de retrouver le gué que les voyageurs passaient chaque jour sans danger.

Après d'inutiles recherches, le chef des eunuques ne trouva d'autre expédient que de tenter ces flots nouveaux et perfides; il y fit entrer son cheval, dont les pas, faisant jaillir l'eau de tous les côtés, retentirent sur la pierre. A ce bruit, le cavalier se félicita, croyant avoir découvert le passage ordinaire du ruisseau; malheureusement son cheval s'effraya et se cabra, et le cavalier, malgré son adresse ayant perdu pied, fut entraîné par le courant.

Cédant à un premier mouvement de frayeur, et laissant inconsidérément les deux femmes à la garde du vieillard, les eunuques volèrent au secours de leur chef. En vain celui-ci leur criait de l'abandonner à sa destinée, et de veiller sur la favorite du kalife, ils semblaient ne pas l'entendre, et galopaient sur le rivage. L'un d'eux, plus hardi que ses compagnons, s'élança à son tour dans le torrent, et n'en sortit qu'après avoir reconnu le péril auquel l'avait exposé son audace.

Cependant les deux femmes, immobiles auprès de leur gardien, regardaient en silence, et peut-être avec plaisir, le trouble et les vains efforts des eunuques. Soit pour mieux voir, soit à cause de la solitude du lieu, soit afin de jouir pendant quelques instants d'une liberté trop rarement accordée au harem, elles entr'ouvrirent leurs voiles, au grand scandale du vieux musulman, dont les remontrances étaient inutiles. Les eunuques, suivant leur chef, s'éloignaient de plus en plus de ces trois personnes ; ils disparurent derrière un massif de grenadiers.

— Qu'allons-nous devenir? s'écria le vieillard avec désespoir; et que dira Sa Hautesse, lorsqu'elle apprendra que son esclave favorite est demeurée un instant sans voiles et sans gardes? Le sage a dit vrai : celui qui commence une heure par un sourire, ne l'achève jamais sans répandre une larme! Vous vous réjouissiez ce matin, jeunes folles, en allant voir le jour se lever sur les collines de Zehra : craignez que le bourreau n'entre ce soir au harem, et ne vous offre, à votre choix, le poison ou le poignard!

Ayant dit ces mots, le vieux musulman leva ses regards que jusqu'alors il avait tenus baissés par respect; il aperçut un jeune homme qui s'avançait à pas lents; il fit un mouvement de surprise, et attira ainsi l'attention des deux esclaves. L'une d'elles remit précipitamment son voile; mais l'autre, voulant imiter sa compagne, s'y prit si maladroitement, ou peut-être si adroitement, que son visage resta découvert assez longtemps pour que le nouveau-venu pût en admirer la beauté.

Ce dernier, voyant le vieillard tirer son cimeterre, s'arrêta tout à coup.

— Qui es-tu? demanda le vieux gardien d'une voix tremblante de colère; et pourquoi t'arrêter en chemin, toi qui as osé t'aventurer jusqu'ici?

Le jeune homme reprit sa marche. Lorsqu'il ne fut plus qu'à deux ou trois pas du vieillard, il répondit :

— Je suis Bar-Cokba, fils de Mohammed-Moundir. J'ai hésité d'aller à toi, noble émir, parce que je me suis aperçu que tu te préparais à m'accueillir comme on accueille un ennemi, sans attendre que tu susses si je ne porte pas en moi le cœur d'un ami.

Le vieillard examina Fils-de-l'Étoile avec une profonde attention.

— Qui cherches-tu? Que veux-tu donc, Bar-Cokba? demanda-t-il de nouveau, mais d'un ton moins menaçant.

— Allah est grand! répondit le jeune maure; et sa miséricorde égale sa puissance! Il a caché la source dans le désert, et le désir de faire le bien parmi les pensers de l'homme. Noble émir, que fais-tu devant cette onde qui se précipite et mugit? attends-tu qu'elle s'écoule tout entière et livre aux pas de ton cheval son lit tranquille ou desséché? Renonce à cette folle espérance; Viens avec moi. Je connais dans la montagne un sentier qui te conduira, sans risques et sans fatigues, sur l'autre rive de ce torrent.

Le vieillard parut réfléchir pendant quelques instants.

— Je te suivrai, Bar-Cokba, dit-il enfin; je te suivrai, car ton nom, qui ne m'est pas inconnu, me rassure sur tes intentions. D'ailleurs, nous n'avons pas d'autre parti à prendre.

Fils-de-l'Étoile gravit d'un pas rapide un petit chemin à demi caché par des arbrisseaux, entraînant sur ses pas le vieillard et les esclaves qui, grâce à leurs excellentes cavales, purent entrer dans le sentier sans danger. Ils arrivèrent tous les quatre devant un pont formé par trois énormes quartiers de roche, et naturellement jeté sur le torrent; cette arche était assez unie et assez large pour livrer passage à un cavalier.

— Bar-Cokba, dit alors le vieillard avec une sorte de bienveillance, tu viens de me rendre un service que je récompenserai quelque jour, car il n'y a pas qu'Allah qui soit à la fois puissant et reconnaissant.

— Je n'ai point agi dans l'espérance d'un salaire, répondit Fils-de-l'Étoile avec une légère émotion; mais écoute-moi, noble émir! Si tu trouves en effet que tu me doives une récompense, dis-moi quelles sont ces deux femmes, et sois quitte de toute obligation envers moi.

— Ces deux femmes! répéta le vieillard d'un ton sérieux; ces deux femmes sont autant au-dessus de toi que la lune est au-dessus des étoiles. Ces deux femmes appartiennent au kalife.

— Allah! s'écria Fils-de-l'Étoile en tressaillant.

— Mais ne crains rien, ajouta le vieillard, se méprenant sans doute sur la cause du trouble du jeune maure; quoiqu'il ne soit point permis à un homme de contempler ni de secourir les esclaves de Sa Hautesse, ta gloire sera la sauve-garde de ta vie. Quant à moi, pour obtenir le pardon de ton involontaire offense, je me jetterai, s'il le faut, aux pieds du kalife; je baiserai le pan de sa robe; je dirai tout ce que mon cœur pourra m'inspirer. Et si tu me demandes la cause de l'intérêt que je te porte, je te répondrai : je suis Jahiah-al-Gazal [1], l'ami d'Abdalrahman, et ton rival en poésie. Allah te protége! Au revoir!

Sans perdre un moment de plus, le vieillard fit un signe aux deux esclaves, et se mit en route. Fils-de-l'Étoile les suivit des yeux aussi longtemps qu'il le put, et, lorsqu'il les eut vu disparaître, son cœur les suivait toujours. L'ombre du soir le surprit plongé dans sa rêverie.

VII.

Fils-de-l'Étoile regagna Cordoue; il traversa les carrefours sans entendre ni regarder les mille bruits et les mille mouvements d'un peuple nombreux et actif; il porta jusque sous le toit de sa mère la préoccupation qui le charmait.

La nuit qui suivit fut pour le jeune homme une nuit de vague ivresse ou d'agitation pénible : tantôt sa pensée, abandonnée aux souvenirs, voltigeait autour de l'image d'une femme; tantôt une voix intérieure, semblable à la voix grave du vieux

1. *Jean-la-Gazelle*, personnage historique.

Al-Gazal, lui représentait la distance infranchissable qui sépare la favorite d'un kalife d'un pauvre rimeur inconnu.

Au point du jour Fils-de-l'Étoile se leva, fit ses ablutions et sa prière, et descendit. Bientôt un esclave noir ouvrit la porte de la maison, et demanda l'émir Bar-Cokba, fils de Mohammed-Moundir. Lorsque le jeune homme se fut fait connaître, l'esclave lui dit que l'émir Jahiah-al-Gazal l'attendait dans la rue, afin de le conduire aux pieds du kalife.

Fils-de-l'Étoile était près de jeter un cri de joie : se rendre au palais de Sa Hautesse, n'était-ce pas se rapprocher de son harem? Cependant Abriz contemplait son fils avec un doux étonnement, avec une admiration orgueilleuse.

Après un salut et une bénédiction réciproques, Fils-de-l'Étoile et Jahiah-al-Gazal se mirent en marche, l'un à côté de l'autre, suivis de l'esclave noir.

— Bar-Cokba, dit le vieillard, puisse le Miséricordieux étendre la main sur toi! Puisse-t-il t'envoyer un bon Génie qui t'inspire un heureux langage! L'événement qui t'arrive peut te conduire au bien ou au mal : ton sort dépend en quelque sorte de toi-même. Le kalife est jaloux de toi; c'est tout te dire en un mot. Contemple donc d'un œil vigilant l'abîme au bord duquel tu te trouves. J'ai dit.

— Sage Al-Gazal, répondit le jeune Maure, le conseil de l'amitié soutient l'homme comme le rameau d'olivier aide un pèlerin; donc, explique-toi. Que se passe-t-il dans le cœur de Sa Hautesse?

— Abdalrahman, tu le sais sans doute, reprit le vieillard, a toutes les passions d'un homme. Puisse Allah le combler d'années! Courageux guerrier, sage législateur, ami des savants, savant lui-même, il est néanmoins passionné pour les voluptés et jaloux de ses concubines. A soixante ans il brûle encore pour une africaine qui, depuis quelques années, joue avec le puissant kalife comme avec un faible enfant; mais veuille Allah protéger les joies de Sa Hautesse ! Quant à toi, Bar-Cokba, juge de la fureur de cet orgueilleux amant, s'il apprend jamais qu'un homme a levé les yeux sur les attraits sacrés de la favorite !

— Allah garde le kalife de faire périr un innocent ! répartit Fils-de-l'Étoile; mais, enfin, de quoi donc suis-je accusé?

— Sache le reste, poursuivit Al-Gazal; l'une des deux femmes que tu as rencontrées hier, est cette souveraine du kalife. En vain, agissant avec prudence, je suis rentré au harem par une galerie secrète; en vain j'ai fait jurer à tous les eunuques qui s'y trouvaient d'être muets comme le tombeau; en vain j'ai supplié la favorite elle-même de ne révéler jamais, fût-ce à ses plus fidèles compagnes, les circonstances de son retour : Allah a voulu que Sa Hautesse en ait eu connaissance. Voici comment. Ecoute, et tremble. Les eunuques qui nous escortaient lorsque nous partîmes de Zehra, sont parvenus à sauver leur chef téméraire; celui-ci ne les a remerciés de ce service que par un sourire funeste, que par un silence affreux. A la tête de ses compagnons, il est allé se prosterner aux pieds du kalife; il lui a tout raconté. Le Divan était assemblé; j'étais derrière le trône de Sa Hautesse; les principaux émirs nous entouraient. Abdalrahman, cachant sa fureur sous un voile de dignité, n'a fait qu'un signe : le bourreau s'est avancé. Tu pourras voir, sur les créneaux du harem, six têtes nouvellement rangées.

— Allah ! Allah ! s'écria le jeune maure avec horreur.

— Le Commandeur des croyants, continua le vieillard, s'est retiré du Divan sans prononcer une parole : j'ai su depuis qu'il se rendait à l'appartement de la favorite. La belle coupable, dont je connais le courage et l'esprit, a dit toute la vérité, toutefois en implorant ton pardon et le mien. Nul ne sait encore ce qu'a résolu le kalife; il m'a donné l'ordre de t'amener devant lui. Prends garde, Bar-Cokba! que le sentiment de ton innocence ne t'inspire pas trop de fierté! Songe qu'il est plus facile de déraciner une montagne avec la pointe d'une aiguille, que d'arracher avec des discours la jalousie attachée au cœur d'un kalife!

— Je serai prudent, sage Al-Gazal, répliqua lentement Fils-de-l'Étoile. Mes jours ne valent pas, à mon jugement, les mots que je vais employer à les défendre; mais je ne veux point faire pleurer ma mère. Quant au reste, ajouta-t-il avec un peu d'amertume, je ne puis l'empêcher, car tout est écrit!

Quelques instants après, les deux amis entraient à l'Arrizafa. Ce palais, comme tous ceux des princes de l'Orient, ne présentait à l'extérieur que des murailles irrégulières et nues; çà et là de lourds piliers de maçonnerie appuyaient de grands murs, au pied desquels régnait un perron de cinq ou six degrés. On voyait, de distance en distance, une porte en fer-à-cheval, élégamment encadrée par des arabesques de diverses couleurs. A l'intérieur, l'aspect de ce monument se transformait tout-à-coup, et offrait aux regards ravis toutes les richesses, tous les caprices, toutes les merveilles de l'architecture des maures.

On pénétrait immédiatement dans un jardin semé de bosquets d'ormes, de palmiers et d'orangers. Sous l'ombrage de ces arbres entassés, on entendait murmurer des fontaines et chanter des oiseaux captifs. Les petits chemins de cette délicieuse promenade, plus nombreux et plus symétriques que les lignes d'une élégante broderie, étaient pavés de morceaux de marbre de différentes couleurs, et bordés de fleurs odoriférentes.

La cour principale de l'Arrizafa établissait une communication entre tous les appartements : c'était un lieu vaste, orné de vases d'airain contenant des fleurs, et de canaux de marbre où coulait sans cesse une eau pure; un rang de légères colonnes, liées entre elles par des arceaux imitant la feuille du trèfle, formait à chacune des quatre faces de la cour, un gracieux portique sous lequel les officiers du palais pouvaient se promener à l'abri du soleil. Tous les appartements ouvraient sous les arcades de ce portique. Une galerie à balustrade régnait au-dessus, et conduisait à d'autres chambres. Toutes les colonnes, tous les arceaux, tous les murs mêmes, étaient capricieusement sculptés.

De cette cour principale on passait dans celle du harem. Une troisième cour renfermait les écuries, où l'on comptait plus de deux mille chevaux de tous les pays, de toutes les races.

Les appartemenes tout à fait intérieurs, surtout ceux du harem, surpassaient encore, en délicatesse et en magnificence, les charmants portiques des cours. En visitant ces salons, ces coupoles, ces dômes étincelants de peintures et de dorures, on se croyait transporté dans la demeure des génies; on se croyait abusé par un songe; ce n'était qu'en réfléchissant à l'étendue et à la richesse du kalifat d'Occident, que l'on arrivait à comprendre la réalisation de tant de merveilles.

En traversant l'Arrizafa, les deux amis ne laissèrent voir aucune marque de surprise ni d'admiration : l'un, favori du kalife, connaissait depuis longtemps le magique palais qu'il parcourait; l'autre, suspendu par la pensée entre la vie et la mort, restait insensible à toutes les splendeurs de la richesse et des arts.

Un officier du palais les conduisit en présence du Commandeur des croyants. Abdalrahman était assis sur son trône, dans la salle du Divan, regardant le tapis que foulaient ses pieds. Le grand-visir, debout à quelques pas de Sa Hautesse, observait furtivement les traits expressifs de son maître. Au bruit des pas qui s'approchaient, Abdalrahman leva la tête; ses regards tombèrent sur Fils-de-l'Étoile, et ne le quittèrent plus.

Les deux amis se prosternèrent aux pieds du kalife. Celui-ci, leur ayant ordonné de se relever, s'adressa brusquement à Fils-de-l'Étoile.

— Esclave, dit-il, quel est ton nom?

— Commandeur des croyants, répondit le jeune maure, mon nom, tout humble qu'il soit, est déjà monté jusqu'à ton oreille, car ta vigilante bonté sait trouver et protéger tous ceux qui ont besoin de ton appui. Je suis Bar-Cokba, fils de Mohammed-Moundir. Ta Hautesse m'a déjà fait plusieurs présents. Allah te comble de bénédictions et d'années!

Abdalrahman se mit à regarder sévèrement Al-Gazal; celui-ci, du reste, paraissait s'être attendu à l'étonnement du kalife.

— Tu m'as trompé! dit Abdalrahman.

— Que ta Hautesse me pardonne! s'écria chaleureusement le vieux favori; devais-je ravir à Bar-Cokba toute chance de sauver sa vie? Dans le premier moment de ta colère, ô Commandeur des croyants, aurais-tu voulu connaître, aurais-tu pu entendre ce jeune homme? Tes gardes t'auraient amené ta victime; un signe de ta main eût averti le bourreau, et ce matin, sur les créneaux de ton harem, nous verrions une septième tête. Mais ma prudence t'a dit: — Demain, je te présenterai l'homme qui nous a servi de guide, parce qu'il me faut au moins tout un jour pour apprendre son nom et pour trouver sa maison. Cet homme, ce nom, cette maison, je les connaissais alors, comme tu viens toi-même de le soupçonner; mais j'ai voulu, généreux Abdalrahman, mettre un accusé sous le regard de ta justice, et non livrer une proie à ton aveugle ressentiment. Je savais que le lion d'hier devait aujourd'hui se changer en homme. Commandeur des croyants, toi qui représentes Allah sur la terre, que ta miséricorde reflète la sienne, comme la lune réfléchit la lumière du soleil ! Ne laisse jamais la colère, nuage ténébreux, cacher un seul de tes bienfaisants rayons !

— Tu es un médecin impitoyable, vieillard, dit Abdalrahman d'un ton froid ; tu ne te sers que d'un seul remède pour toutes les blessures que tu veux guérir, et ce remède est le fer rouge. Mais Allah t'inspire, sois en paix. — Quant à toi, jeune audacieux, ajouta le kalife en regardant fixement Fils-de-l'Étoile, raconte-moi, sans rien changer, sans rien oublier, tout ce que tu sais du crime de mes eunuques et du déshonneur de mes femmes ?

Fils-de-l'Étoile obéit. Il fit ce récit d'un ton ému, mais d'un air de sincérité. Sa contenance s'embarrassa, sa voix s'affaiblit, lorsqu'il crut remarquer que le kalife l'écoutait avec une soupçonneuse attention.

— Qu'est-ce que la sagesse de l'homme, dit le kalife, auprès de la malice d'une femme ? Sans crainte de ma colère, sans respect pour son honneur, dans un mouvement d'audace ou de vanité, l'une de mes esclaves t'a laissé voir son visage ! Mais toi, jeune insensé, tu n'as pas craint non plus d'y arrêter tes regards ? Tu as osé m'offenser !

— Commandeur des croyants, interrompit doucement Al-Gazal, prends dans ta main gauche l'involontaire offense de Bar-Cokba, et dans ta droite, le service important qu'il t'a rendu ; compare, et juge ! Qu'eût donc pensé ta Hautesse, si, comme je le voulais d'abord, tes esclaves ne fussent point rentrées hier à Cordoue ? Quel doute affreux, quelle ardente jalousie et quels renaissants tourments dévoreraient encore ton cœur, sachant tes femmes à Zehra, loin de toi, sans eunuques et sous ma seule garde ? Tu le vois, Abdalrahman, ce jeune homme a prévenu bien des événements horribles, horribles même à supposer, lorsqu'il s'est fait généreusement notre guide ; seras-tu moins généreux que lui ?

— Puisqu'il a fait plus qu'il n'était prudent d'oser, s'écria Abdalrahman ; puisqu'il a contemplé ce que les yeux d'un homme ne doivent point voir, il recevra le châtiment de son crime. Mais, d'abord, je lui ordonne de me tracer en quelques mots le portrait de l'esclave qu'il n'a pas craint de regarder.

— Commandeur des croyants, répondit Fils-de-l'Étoile après un instant de réflexion , ce n'est qu'après avoir quitté la terre, que l'homme peut arrêter ses regards, sans être ébloui, sur une houri céleste.

Bien qu'il arrive rarement que l'on puisse désarmer un jaloux en lui vantant les charmes de sa maîtresse, Abdalrahman sourit. Jahiah-Al-Gazal et le grand-visir se rapprochèrent du trône.

— Bar - Cokba , reprit le kalife, écoute; j'ai, parmi les esclaves de mon harem, une jeune et belle africaine dont le visage est resplendissant comme l'étoile du matin, dont les yeux paraissent plus acérés que deux flèches meurtrières , et dont les longs cheveux blonds ressemblent à des fils d'or d'Arabie. Jure-moi, par Allah et le Prophète, de lui consacrer ton cœur tout entier, et je te la donne pour femme.

— Sa Hautesse a dessein de plaisanter, dit le grand-vizir à l'oreille d'Al-Gazal; elle ne donnerait pas cette femme pour un empire.

Mais Fils-de-l'Étoile prit au sérieux les paroles du kalife.

— Je ne puis faire un pareil serment , répondit - il. Ne te courrouce point généreux kalife ; Allah seul a voulu que , depuis hier, mon cœur ne soit plus à moi tout entier.

— Et quelle est la rose du bulbul !

— Le Prophète m'en soit témoin, je l'ai vue assez pour m'en souvenir jusqu'au tombeau, voilà tout. Son visage est plus mélancolique que la lune dans une belle nuit ; ses yeux ressemblent à deux turquoises transparentes , et ses cheveux , noirs comme l'ébène, brillent autant que l'acier poli par la main d'un armurier de Damas.

Les nobles traits du kalife s'éclaircirent tout à fait, comme les cieux après un orage.

— Grand-vizir, dit-il en s'adressant à son premier ministre, fais compter mille pièces d'or à Bar-Cokba ; que ce soit le prix du service qu'il a rendu à la favorite. — Quant à toi, mon vieux Al-Gazal, tu auras soin d'amener quelquefois à l'Arrizafa le rival que ton amitié a déjà protégé avec tant de sollicitude.

Les deux amis sortirent aussitôt de l'Arrizafa.

— Louange à Allah ! car toutes choses vont au gré de nos souhaits, dit le vieillard à son compagnon ; dès le premier moment, je me suis aperçu que tu ne déplais pas à Sa Hautesse. La faveur est un superbe palais dans lequel on entre par bien des portes ; heureux es-tu d'avoir trouvé celle de la vérité ! jouis avec prudence et sans orgueil des bontés d'Abdalrahman, et remercie Allah de t'avoir tiré sain et sauf d'une épreuve dangereuse.

— Mais toi, sage vieillard, s'écria le jeune maure, que te donnerai-je en échange de tes conseils, de ton amitié, de ta protection ?

— Sois mon fils, répondit Jahiah-al-Gazal ; viens chez le cadi ; nous prendrons en route deux témoins. Lorsque ta mère ne vivra plus, — puisse Allah la combler d'années ! — tu retrouveras dans mon cœur la tendresse que te prodigue le sien ; et si quelque mauvais génie osait s'attacher à tes pas, tu chercherais dans ma maison un refuge hospitalier.

— Par le ciel et l'étoile nocturne, répliqua le jeune homme ému, je désire qu'il soit fait selon ta généreuse demande ! Est-il rien pour moi de plus glorieux que de me pouvoir appeler ton fils ?

L'homme qui passerait des sombres demeures d'Eblis aux

brillants jardins de l'Éden, n'éprouverait pas un transport semblable à celui qui faisait battre à coups pressés le cœur de Fils-de-l'tÉoile ; l'œil éteint du poëte s'ouvrit et brilla ; les plis de son front s'effacèrent ; sa bouche eut même un sourire inaccoutumé. Un seul instant de bonheur renouvelle toute une existence.

VIII.

Plusieurs jours s'écoulèrent pendant lesquels Fils-de-l'Étoile ne cessa pas de penser à la belle esclave ; il reçut enfin de la part du vieux Al-Gazal l'avertissement de se rendre, sur le milieu du jour suivant, au harem de l'Arrizafa.

Aussitôt qu'apparut l'aurore, Fils-de-l'Étoile se mit, pour la première fois peut-être, à s'habiller avec un soin extrême. Il y a des moments où les plus nobles caractères ont aussi de petites vanités.

Après s'être baigné dans une eau parfumée, il se fit tailler la moustache et les cheveux par le plus habile barbier de Cordoue. Il mit sur sa tête un turban d'une blancheur éblouissante, et dont les plis symétriques se réunissaient en un point unique caché par une petite émeraude. Il revêtit des pantalons à fleurs qui tombaient, libres et vastes, sur des babouches de maroquin à pointes recourbées. Un dolman de soie bleue à raies d'or, parsemé de quelques feuillages d'argent, couvrit sa poitrine ; une ceinture verte serra sa taille. Il passa ensuite une robe blanche, large, ouverte et flottante, qui garantissait du soleil sans fatiguer et sans rien dérober de la beauté d'un costume. Pour compléter cet habillement, digne du fils d'un grand-vizir, Fils-de-l'Étoile mit à sa ceinture un petit poignard de Damas, dont la garde était d'argent ciselé, et dont le fourreau de bois de sandal répandait une odeur douce et agréable.

Lorsqu'il entra, ainsi vêtu, dans l'appartement où se trouvait sa mère, celle-ci le salua d'un sourire, en se récriant sur sa beauté.

Fils-de-l'Étoile n'avait point les traits d'une régularité parfaite, mais son regard était plein de feu, et son air semblait doux et passionné. Son visage ne pouvait être étudié sans intérêt. Au-dessus du vulgaire par ses pensées, le jeune maure l'était encore par ses manières, la grave simplicité de son esprit se trouvant peinte sur toute sa personne.

Il se rendit sans tarder à la maison de Jahiah-al-Gazal. Le vieillard sourit en le voyant venir de si grand matin.

— Suivant le saint livre du Prophète, dit-il d'un ton gai, chaque homme qui voyage sur la terre porte à son cou, comme principe de sa destinée, un oiseau bon ou mauvais; l'oiseau des amants est, j'en suis sûr, l'alouette matinale.

Les deux amis se dirigèrent vers l'Arrizafa. Les eunuques, connaissant les priviléges du vieux favori d'Abdalrahman, ne firent aucune difficulté de le laisser pénétrer, suivi de son compagnon, dans les appartements les plus redoutés; néanmoins la plupart de ces terribles gardiens jetèrent sur Fils-de-l'Étoile des regards de jalousie, et blâmèrent entre eux la confiance du kalife.

Après avoir traversé plusieurs cours, plusieurs salons, plusieurs galeries, les deux amis arrivèrent à un petit salon où ils ne trouvèrent personne, et que, par conséquent, ils eurent le temps d'admirer. Ce fut dans ce lieu que le vieillard fit asseoir son fils adoptif, en le priant d'attendre, et en lui recommandant d'être patient.

Toutes les choses que l'art avait pu produire de plus parfaites à cette époque, et toutes les richesses que la puissance d'un kalife avait rassemblées concouraient à l'ornement de ce salon. Trente colonnes de marbre blanc, à bases et à chapiteaux dorés représentant des oiseaux, soutenaient un dôme elliptique, couvert d'arabesques colorées, et percé d'une fenêtre par laquelle la lumière du jour descendait doucement. Un parquet de bois de cèdre était caché presque en entier par un tapis à fond d'or rehaussé de roses blanches et rouges, dessinées avec de la soie. Dans les intervalles des colonnes se trouvaient, alternativement placés, un sofa d'une étoffe semblable à celle du tapis, et un vase de porphyre. Enfin un petit jet d'eau, chef-d'œuvre d'un art ingénieux, jaillissait au milieu de l'appartement, et retombait en pluie étincelante et parfumée au sein d'une touffe de rosiers plantés dans un vaste bassin de jaspe.

Dans les vases, sur les sofas, sur le tapis, on voyait, épars, des colliers d'or, des bracelets de pierres précieuses, de moëlleux coussins, des tissus légers, des cassolettes de parfums et des instruments de musique. Le jour douteux, la fraîcheur des couleurs, le mélange des parfums, le murmure du jet d'eau, le chant de quelques oiseaux captifs dans une volière invisible, tout frappait les sens de langueur et de volupté. Cette retraite, ouvrage et temple de l'amour, semblait retentir encore d'un bruit de soupirs et de baisers, et l'on pouvait deviner, au froissement des coussins et près d'une fleur oubliée, la place où quelque indolente esclave avait posé son petit pied ou son sein nu.

C'était dans cet asile que les deux poëtes attendaient. Tout à coup une main noire, la main d'un eunuque souleva la portière de velours rose étoilé d'or qui séparait ce petit salon d'une longue galerie, et deux femmes, toutes deux sans voiles, parurent aussitôt : l'une était l'esclave favorite du kalife, et l'autre, l'esclave favorite de la Favorite.

Force-des-Cœurs [1] était née au pied de l'Atlas, au sein de la

1. *Alcoloub*, nom persan.

nation des berbers, parmi les filles de la tribu des Jéménis. Un jour qu'elle s'était endormie au bord de la mer, elle fut surprise par un corsaire. La jeune captive, ayant excité par sa beauté la cupidité de ses ravisseurs, fut destinée au harem de quelque émir, et envoyée au kan d'un marchand d'esclaves de Cordoue. Dans l'espoir d'un trafic avantageux, le marchand conduisit sa proie aux pieds du kalife. Abdalrahman acheta cette femme dix mille pièces d'or.

Force-des-Cœurs était une femme courageuse et fière, que le soleil d'Afrique avait murie; prise par les corsaires, elle laissait sous les tentes de sa tribu un guerrier qu'elle adorait. Vendue au kalife, elle entra dans son palais avec désespoir, avec haine.

Abdalrahman comptait alors soixante ans; sa puissance, sa richesse et ses talents eussent séduit ou consolé toutes les femmes : mais que peuvent les talents, la richesse et la puissance contre un amour sincère et ardent?

Après quelques mois de tristesse, Force-des-Cœurs devint tout à coup d'une gaîté folle, et parut jouer volontiers avec l'esclavage. Abdalrahman avait-il triomphé des souvenirs de la jeune arabe? Pourquoi donc s'efforçait-elle chaque jour, à chaque heure, à chaque instant, de désoler, d'irriter, par ses dédains et par ses caprices, un maître généreux et patient?

Le chef des eunuques vint un jour, en tremblant de tous ses membres, se prosterner aux pieds du kalife. Sur l'ordre de s'expliquer, il fit, d'une voix entrecoupée et avec de grands gestes d'horreur, le récit d'un événement abominable, plus abominable que le blasphème! telle fut l'expression dont l'eunuque se servit. Alcoloub, ayant levé vers le ciel un poignard, avait juré par Allah de s'en percer le sein, si Sa Hautesse osait encore une fois, une seule fois, pénétrer!...

— O crime! ô déshonneur! ô terreur! ajouta le gardien

épouvanté. Puisque j'ai vécu assez longtemps pour voir un jour aussi funeste, que dois-je faire, ô Commandeur des croyants? J'ai risqué ma vie en accourant t'apprendre, — mortelle injure! — la résolution de ta favorite; mais je préfère à mon existence le bonheur sacré de ta Hautesse. Que dois-je faire? Si toutefois tu veux encore, par un autre moyen que le fer ou le poison, dompter cette esclave trop insolente!

En écoutant ces paroles, Abdalrahman ressentit un dépit très-vif; mais l'amour et la bonté rentrèrent bientôt dans son noble cœur. Après quelques instants de réflexion, il fit mander son grand-visir et son favori Al-Gazal; ceux-ci reçurent les ordres de Sa Hautesse avec un très-grand étonnement, mais avec un plus grand respect.

Cependant Force-des-Cœurs, souriant de son audace s'excitait à défendre l'entrée de son appartement, et même si les circonstances l'exigeaient, à se tuer d'un coup de poignard. — Quoi qu'il arrive, se disait la favorite, Sa Hautesse ne dormira pas sur mon sofa avant d'en avoir obtenu la permission!

Une heure d'attente s'écoula, puis une heure d'ennui, puis une heure de regrets. La captive volontaire entendait, dans les jardins du harem, les jeux, les chants et les danses de ses compagnes; ces sons confus, ainsi que les aiguillons de la faim, irritèrent vivement Force-des-Cœurs : mais elle était femme; elle avait juré de se renfermer dans son appartement, et elle s'y renfermait.

Ayant entendu quelque bruit dans la galerie voisine, elle courut à la portière afin de reconnaître qui s'approchait ou qui passait; mais, — ô douleur! — la porte venait d'être murée à l'instant même. Force-des-Cœurs tressaillit et chancela; sa fierté, qui ne l'abandonnait jamais, la soutint dans cette situation horrible.

— Abdalrahman veut ma mort, dit-elle, eh! bien, je mourrai ! Ne l'ai-je pas voulu moi-même? et le kalife ne semble-t-il pas m'obéir encore, en ordonnant mon trépas? Mais, périr par la faim ! c'est un supplice trop douloureux. Que le Prophète me pardonne ! je ne veux pas mourir ainsi. Ce poignard va me ravir une vie que j'abhorre, et que j'aurais dû déjà m'arracher ! O Commandeur des croyants, je te défie ! Aime ou hais-moi, commande ma perte ou mon salut, tu ne feras que ma volonté, ou je vais braver la tienne !

Force-des-Cœurs posa sa main droite sur son sein, et y chercha les battements de son cœur; de la main gauche, elle appuya la pointe de son poignard de manière à perdre l'existence en un seul instant. Pâle, haletante et tremblante, elle allait exécuter sa résolution fatale, lorsqu'une sage réflexion la retint.

— Comment est-il possible, pensa-t-elle, qu'il ait fait construire cette muraille, lui si bon, si généreux ! Comment est-il possible aussi qu'aucun bruit ne m'ait avertie? Il y a ici quelque mystère.

Force-des-Cœurs allait soulever de nouveau la portière, lorsqu'elle vit tomber à ses pieds, de la fenêtre du dôme, une petite feuille de palmier, sur laquelle elle put lire une douzaine de vers arabes qui disaient :

« Alcoloub, tu refuses de revoir ton maître : tu sais qu'il t'aime et se complait à t'obéir. Une muraille merveilleuse vient de s'élever entre tes charmes et ses désirs. Cette muraille, qui dans ce moment même vous sépare, ne tombera que par ton ordre. Cette muraille est un chef-d'œuvre : tout un peuple y a travaillé. Louange au kalife, qui peut bâtir de pareilles murailles ! »

Extrêmement surprise, ne comprenant rien à ces vers, encore moins à cette muraille, Force-des-Cœurs arracha brusquement la portière de velours, et reconnut que l'entrée de son appartement n'était close que par des sacs de pièces d'or entassés les uns sur les autres.

Cette aventure, mise en vers par Al-Gazal, amusa long temps les harems de Cordoue. Dans celui de l'Arrizafa, les eunuques prétendaient que la muraille tomba le même jour pour livrer passage au kalife, et qu'à partir de ce moment, la favorite se montra soumise aux volontés de son sultan.

Force-des-Cœurs était d'une taille moyenne, mais légère comme un roseau sous le souffle des vents. Son sein, bruni par le soleil, ressemblait aux deux moitiés d'un beau fruit d'or. Ses pieds eussent tenu dans la main d'un enfant; et ses mains, dans la bouche d'un homme.

Son visage était petit, mais expressif et régulier; ses cheveux blonds, divisés en plusieurs tresses, se déroulaient depuis ses épaules jusqu'à ses pieds; ses yeux noirs, hardis et pénétrants, fendus en amande, et surmontés de deux cils majestueux, cherchaient la pensée au fond de l'âme de ceux qu'ils interrogeaient; un front poli, un nez grec et parfait, des lèvres d'un rose ardent au milieu desquelles étincelaient deux rangs de perles africaines, d'une blancheur laiteuse et d'une longueur un peu sauvage, tels étaient les charmes principaux de la sublime favorite.

Son costume, bien qu'un peu léger, était digne du rang qu'elle tenait au palais de l'Arrizafa : autour de ses jambes flottait une double gaze sur laquelle voltigeait une multitude de petites abeilles d'argent; ses pieds nus étaient négligemment passés dans des babouches de velours rose, couvertes de pierreries; sa taille était serrée par une tunique de cachemire et par un magnifique collier de rubis; enfin, au sommet de ses cheveux, elle avait coquettement attaché un petit turban de soie bleue, surmonté d'une plume rose fixée avec un diamant.

En entrant dans la retraite où les deux amis attendaient,

Force-des-Cœurs laissa tomber sur Fils-de-l'Étoile un regard long et moqueur; puis, sans faire attention à l'hommage qu'on se disposait à lui rendre, elle s'élança sur une pile de coussins, et s'y accroupit comme une jeune lionne lasse.

IX.

L'esclave favorite de la Favorite du kalife différait de manières et d'attraits avec sa maîtresse; c'était une chrétienne d'Espagne, nommée Esperança de Santa-Pola. Fils-de-l'Étoile rougit beaucoup et baissa les yeux devant la beauté calme et céleste de la jeune captive.

Esperança avait voilé sa taille grande et svelte sous une simple robe blanche, mais ce vêtement, laissant deviner de doux trésors, devenait pour l'espagnole, à son insu, un voile d'une grande coquetterie. Sur ses cheveux d'un noir brillant et négligemment déroulés, elle avait placé, pour tout ornement, un cercle d'or et une fleur naturelle.

Son visage, d'un ovale pur, inspirait la paix, la dignité, la vertu; son front pâle et élevé quoique couvert d'ennuis, réflétait une grande fermeté de caractère, tandis que ses yeux bleus bien fendus révélaient un cœur capable d'éprouver un sentiment plus tendre.

Sans jeter un seul regard autour d'elle, Esperança s'assit à côté de Force-des-Cœurs, dans une attitude modeste. Il se fit alors un assez long silence que le vieux Al-Gazal osa rompre le premier.

— Puisque Sa Hautesse ne vient pas encore, dit-il en saisissant un luth oublié sur un sofa, permets-moi, belle Alcoloub, houri de l'Arrizafa, favorite des favorites, rose des roses, permets-moi, dis-je, de te faire entendre un air nouveau que le grand Ali-Zériab vient de composer pour le sublime sultan de Stamboul?

— Je dois en convenir, répondit la favorite avec un bâillement volontaire ou involontaire, depuis que le grand Ali-Zériab est venu dans la ville de mon kalife, mes oreilles ont été souvent enchantées. Ali-Zériab est le souverain des bulbuls, comme toi-même, Al-Gazal, tu es le prince des perroquets. Mais, ne vois-tu pas que je t'écoute?

Le vieillard préluda d'une main savante; puis il se mit à exécuter une marche guerrière dont le rythme sauvage exprimait tour à tour une joie burlesque et une douleur plaintive. En écoutant cette barbare mais imitative harmonie, Force-des-Cœurs leva la tête, frappa des mains, balança ses petits pieds, et donna mille autres marques de plaisir.

— Béni soit Ali-Zériab! s'écria-t-elle lorsque le vieux poëte eut achevé; ce chant m'a rappelé la chasse aux tigres dans le désert; j'y ai reconnu jusqu'au piétinement des cavales, jusqu'aux accents des guerriers de ma tribu! Je te remercie, Al-Gazal; reçois ce collier pour prix de ton habileté. Mais écoute maintenant: tu m'as découvert un prodige, je vais te révéler une merveille. Zetnab [1], ajouta la favorite en s'adressant à son esclave chérie; redis-nous cette chanson que tu chantais hier au soir, lorsque je t'ai surprise au jardin.

La noble chrétienne, depuis longtemps résignée à l'obéissance, prit froidement le luth des mains du vieux poëte, et chanta la complainte qui suit:

Dans les fers d'un puissant roi maure,
Une étrangère tout en pleurs,
Aux premiers rayons de l'aurore,
Disait: Tu me revois encore
En proie à mes longues douleurs!

1. *Tourmente*, nom de femme esclave.

Ma naissance fut bien fatale!
J'ai vingt ans, je suis dans les fers.
Que sert la pompe orientale
Qu'autour de moi l'orgueil étale?
De larmes mes yeux sont couverts.

Oh! comble de toutes les misères!
Impunément, et devant moi,
On insulte au Dieu de mes pères,
Au Dieu que j'adorais naguères,
Au Dieu dont j'ai gardé la foi!

Où sont les champs de ma patrie,
Ses bois, ses montagnes, ses eaux?
Heureuse, quand la rêverie
Abuse mon âme attendrie,
De l'ombre de ces lieux si beaux?

Et toi, jeune homme à l'œil de flamme,
Objet d'éternelles amours,
Vie et lumière de mon âme,
Se pourrait-il qu'une autre femme?...
Hélas! et je pleure toujours!

Dans les loisirs ou dans les ennuis du harem, Esperança s'était sans doute rappelée l'hymne de quelque monastère, et y avait adapté, à l'exemple de la nation au sein de laquelle elle était esclave, quelques phrases mélodieuses et rimées [1].

Sa voix, grave et voilée, avait des tons d'une impressionnante douleur. Aussi, lorsque l'étrangère eut terminé son chant plaintif, le vieux Al-Gazal frappa des mains en signe d'admiration, Fils-de-l'Étoile essuya ses yeux humides de larmes, et Force-des-Cœurs, ému apparemment par ses propres souvenirs, entoura de ses beaux bras sa chère Tourmente, et lui donna plusieurs baisers.

En ce moment, le kalife Abdalrahman parut, suivi d'un

1. C'est aux Arabes que les poëtes provençaux ont dû la rime.

cadi qui, surpris de l'honneur qu'il recevait, marchait courbé vers le tapis, et s'y agenouillait de place en place.

Sa Hautesse s'assit en silence. Après avoir reçu les hommages des quatre personnes qui l'attendaient, Abdalrahman regarda Tourmente et Fils-de-l'Étoile avec une attention si profonde qu'elle finit par les embarrasser tous les deux. Cependant Force-des-Cœurs et le vieux poëte, qui connaissaient sans doute les intentions secrètes du kalife, se regardaient en souriant d'un air intelligent et mystérieux.

— Zetnab, dit enfin le kalife en saisissant la main tremblante de la chrétienne, ce jour sera le plus beau de tes jours. Depuis trois mois, depuis que tu es esclave dans mon harem, tu as servi Alcoloub avec une fidélité bien rare, surtout parmi les captives de ta nation : Allah a mis sur ton cœur le sceau divin de la patience. Je veux que tu reçoives aujourd'hui le prix de ton mérite et de ton zèle. — Regarde ce jeune homme, ajouta Sa Hautesse en désignant Fils-de-l'Étoile qui pâlissaït et rougissait tour à tour; contemple-le bien, Zetnab, et dis-moi comment tu le trouves?

Esperança obéit avec effort; elle attendit ensuite, dans un muet étonnement, que le kalife daignât lui donner l'explication de cet ordre étrange.

— Tu ne me dis rien! reprit Abdalrahman après une pause; comment dois-je interpréter ce silence? Est-ce crainte? est-ce dédain? est-ce pudeur? ou bien, ne m'as-tu pas compris? Ce jeune homme t'aime, Zetnab, et t'a choisie pour épouse; le veux-tu pour ton mari?

Esperança tressaillit, et devint immobile de saisissement; puis, tombant aux pieds du kalife, elle cacha son visage dans ses deux mains avec une sorte de terreur.

— Que veut dire cet effroi? s'écria Abdalrahman en se levant brusquement; à quoi songe cette téméraire esclave? Zetnab, Zetnab, as-tu dessein de m'offenser? Parle, réponds, explique-toi; je le veux, je te l'ordonne!

Esperança murmura quelques paroles qui se perdirent dans ses sanglots. Le kalife mit la main sur la garde de son cimeterre; toutefois il se contint.

— Zetnab, reprit-il avec une douceur visiblement affectée; Zetnab, as-tu perdu la raison? Ce jeune homme est renommé pour ses talents. En ta faveur, j'ai résolu de le faire riche; en ta faveur encore, je puis le rendre puissant. Sont-ce là pour toi des motifs de désespoir? Ta condition vaut-elle la sienne? ou ton cœur est-il assez vil pour ne pas reconnaître les avantages que te fera ce mariage? Esclave, rentre en toi-même et rougis! Pense aussi qu'un kalife ne descend pas deux fois à la prière, hormis lorsqu'il s'adresse au Souverain des sept mondes et des sept cieux!

— Et à moi! dit doucement Force-des-Cœurs.

— Par le Prophète! continua Abdalrahman sans remarquer cette interruption; une esclave hésite entre la rigueur de ma colère et l'appui de ma bonté! Une esclave a peur d'être libre!

Ce dernier mot parut frapper la captive. Elle se releva lentement, et fixa ses beaux yeux sur le visage de Fils-de-l'Étoile.

— Seigneur, dit-elle alors au kalife, je suis préparée à ce mariage.

Fils-de-l'Étoile se prosterna à son tour aux genoux d'Abdalrahman.

— Commandeur des croyants, dit-il avec émotion, l'arbre de ta générosité couvre de son ombre un grand empire et porte sa cîme jusqu'aux cieux; pourquoi refuse-t-il des fruits à ceux qui lui jettent des pierres? Considère, au nom d'Allah, que la douleur de cette captive, tout injurieuse qu'elle puisse te paraître, a sans doute une cause secrète et légitime. Imite Allah: ne regarde point les mouvements du corps avant de plonger dans les retraites de l'âme. Quant à moi, je t'offre ma vie en témoignage de mon respect et de mon obéissance; mais je ne veux point ravir par la violence un cœur que j'implorerais avec amour.

A chacune de ces paroles, Abdalrahman secouait la tête et fronçait ses épais sourcils. Esperança prit alors la main de Fils-de-l'Étoile, en lui disant :

— Seigneur, en accomplissant ton devoir, tu viens de m'inspirer le désir de faire le mien. Je t'accepte pour époux, et j'ajoute que je t'accepte sans violence.

— Sera-ce aussi sans regret? demanda timidement le jeune maure.

— Je l'espère! répondit la chrétienne en le regardant fixement.

Fils-de-l'Étoile soutint ce regard en pâlissant, et devint pensif.

Par Allah! dit le kalife, je savais que cela finirait ainsi; mais que de temps et que de mots pour marier une captive!

— Cela t'a coûté moins cher que je l'avais d'abord pensé, dit la favorite en éparpillant des roses; je m'étais attendue à te voir bâtir une seconde muraille.

Abdalrahman regarda en souriant le vieux Al-Gazal, puis fit un signe au cadi qu'il avait amené, et qui s'était modestement accroupi dans un coin.

— Fais tes dispositions, dit Sa Hautesse.

— Commandeur des croyants, répondit le cadi, il nous faudrait au moins deux témoins.

— Es-tu donc aveugle, Nourreddin? ces deux témoins, ne les vois-tu pas? — Bar-Cokba, ajouta le kalife en mettant la main sur la tête du jeune maure; jamais contrat de mariage, avant le tien, n'a porté deux signatures plus illustres : Abdalrahman, kalife d'Occident; Jahiah-al-Gazal, prince des poëtes!

X.

Lorsque les deux illustres témoins eurent signé au contrat, le cadi reçut un présent et s'éloigna. Force-des-Cœurs entraîna sa chère Tourmente dans un autre appartement, afin de la parer de sa propre main. Abdalrahman, après avoir ordonné que le repas de noces aurait lieu dans son palais, se rendit au divan. Quant au vieux Al-Gazal, il reconduisit son jeune protégé jusqu'à la maison de sa mère.

— Femme, dit le vieillard à Abriz, prépare-toi à recevoir l'épouse de ton fils, ainsi l'ordonne le kalife, et Bar-Cokba se soumet sans peine à la volonté de Sa Hautesse.

— Ma mère, ajouta doucement Fils-de-l'Étoile, il te viendra tantôt une jeune et belle compagne; mais, auparavant, tu iras assister à la fête de mon mariage qui doit avoir lieu dans le palais du Commandeur des croyants.

— Quand le kalife ordonne, répondit Abriz avec surprise et avec joie, pour nous, entendre est obéir.

Ceci se passait à l'heure de la troisième prière. Les deux amis se rendirent à la Mosquée afin d'y accomplir leurs ablutions et leurs dévotions; ils allèrent ensuite sur les bords du Guadalquivir, attendre en rêvant ou en causant le moment de retourner à l'Arrizafa.

Ce moment étant venu, ils emmenèrent avec eux la bonne Abriz. Un magnifique festin les attendait au palais d'Abdalrahman.

La table avait été dressée pour six personnes : le kalife, la favorite, le vieux poëte, la chrétienne, Fils-de-l'Étoile et sa mère. Cinq services, composés chacun de mets rares et délicats, se succédèrent; et, durant le repas, douze des plus belles esclaves du harem chantèrent en s'accompagnant avec des luths.

Le kalife, adressant de gracieuses paroles à chacun des convives qui l'entouraient, semblait avoir oublié sa grandeur. La favorite, heureuse du bonheur de sa chère Tourmente, et surtout d'un événement qui variait la longue uniformité des divertissements du harem, déployait toute la malignité de son esprit, et ses nombreuses plaisanteries, semblables à des flèches armées d'un fer caché sous un bouquet, s'adressaient toutes au vieux Al-Gazal. Celui-ci se servait, pour bouclier, de sa vigilante inspiration. Force-des-Cœurs lui demanda si l'exemple de son jeune ami ne lui inspirait pas le goût du mariage.

— Ravissante houri, plus belle encore que Léilé [1], lui répondit le vieillard, celui qui fixe les yeux sur Allah ne les détourne plus pour admirer Léilé; celui qui s'inquiète de la sagesse, n'a plus souci de l'amour; celui qui peut contempler le soleil, dédaigne de jeter un seul regard sur la lune.

— Je te comprends, sage des sages, répliqua la favorite; mais, à ton tour, écoute-moi : la lune jette sa lumière sur le chien, et le chien aboie après la lumière de la lune; mais la colère du chien ne fait aucun tort à la lune.

Cependant Fils-de-l'Étoile examinait d'un regard furtif sa jeune épouse, et s'étonnait de plus en plus de sa tristesse. Abriz seule ressentait une ivresse pure en contemplant la rare beauté de la femme de son fils.

Le kalife s'étant levé, donna aux convives le signal de passer dans un autre appartement. Au même instant, vingt musiciens de la célèbre école d'Ali-Zériab, exécutèrent, au son des tambourins et des anafins, une marche guerrière et triomphale.

La seconde table, où s'assirent les convives, était couverte de confitures, de fruits naturels, de pâtisseries recherchées, et

1. La *Vénus* des Orientaux.

de quelques vases remplis de plusieurs sortes de vins. Malgré la loi du Prophète, les musulmans boivent souvent de cette liqueur à la fin de leurs repas.

De nouveaux concerts se firent entendre. Deux africaines basanées s'élancèrent à ces accents, et traduisirent, dans une danse gracieuse, expressive et hardie, les tristesses, les rêveries, les transports, les jalousies et même les voluptés de l'amour.

Ces fêtes durèrent toute la nuit. Sur la fin du jour suivant, les jeunes époux, placés sur deux mules couvertes de housses magnifiques, furent reconduits par un grand nombre d'eunuques et d'esclaves armés jusqu'à la maison d'Abriz.

Un sage a dit : jetez un voile sur les voluptés humaines. O mortels infortunés, qu'avez-vous besoin d'apprendre ou de vous rappeler que le plus doux plaisir de la vie a des soupirs et des larmes. . . . .

Dès le premier rayon du matin la bonne Abriz, après avoir remercié Allah qui ne cessait de la combler de biens, se mit en devoir de faire préparer un repas digne de l'épouse de son fils; elle se souvenait d'ailleurs que la favorite, en lui faisant un présent de cinq mille pièces d'or, lui avait expressément recommandé la pauvre Tourmente.

Abriz allait ouvrir la porte de sa maison, lorsqu'elle entendit des pas derrière soi; s'étant détournée aussitôt, elle vit son fils qui la regardait d'un air triste.

— J'ai entendu que tu te levais, ma mère, dit le jeune maure d'un ton froid; j'ai quitté ma chambre à la hâte, et j'ai marché sur tes pas. Mais, au nom d'Allah! cesse de me regarder avec cet effroi.

Abriz était en effet immobile et muette d'étonnement.

— Ma mère, reprit Fils-de-l'Étoile, je te conjure de m'écouter sans m'interrompre; et si mes paroles t'affligent, daigne me cacher ton affliction, car c'est à peine si je trouve en moi le courage de faire mon devoir, et je crains autant ta douleur que ma faiblesse. Sache qu'il faut que j'entreprenne un long voyage.

— Tu vas partir! s'écria la pauvre mère.

— Est-ce que je ne viens pas de vous dire qu'il le faut? Mon départ doit rester un secret pour tous; il n'y a qu'un seul être humain sur la terre qui en ait été instruit avant toi, et cette personne est celle même qui m'oblige à m'éloigner.

— Je reconnais bien là les grands! interrompit Abriz en fondant en larmes; leurs faveurs ressemblent à des fruits dont l'aspect séduit, mais qui sont remplis de cendres. Mon cher fils, est-il possible que tu veuilles m'abandonner?

— Est-ce que je prétends me séparer de toi pour jamais, ma mère? Peut-être avant que la lune qui vient de naître ait achevé son cours tout entier, peut-être me verras-tu revenir tout à fait heureux de la satisfaction que procure la certitude d'un grand devoir accompli!

Ces derniers mots furent prononcées avec un profond accent d'amertume. Abriz ne cessait pas de sangloter.

— Et quand faut-il que tu me quittes? demanda-t-elle après un silence douloureux.

— Je dois partir à l'instant même, répondit Fils-de-l'Étoile en affectant un air de résolution. Remplis mon sac des objets les plus nécessaires à un voyageur. J'ai déjà sur moi de l'or et des armes, et je me propose d'acheter un cheval dans la première ville qui se trouvera sur mon chemin.

— Allah! Allah! s'écria Abriz avec désespoir, mais en préparant ce que son fils lui demandait.

Lorsqu'elle eut garni de linge la bourse de cuir, elle la présenta d'une main tremblante à Fils-de-l'Étoile; celui-ci la suspendit à sa ceinture.

— Au revoir, ma mère! dit-il alors en couvrant de baisers la main d'Abriz; que ta bénédiction m'accompagne!

— Et ta jeune épouse? demanda-t-elle tout à coup.

— Silence, ma mère! répondit-il en posant un doigt sur ses lèvres; silence, elle dort! Prends soin d'elle, ajouta-t-il rapidement; aime-la, respecte-la comme une houri; elle est digne d'être ton amie, d'être ta fille.

En disant ces mots, Fils-de-l'Étoile sortit de la maison et s'en éloigna à grands pas, comme s'il eût craint que sa résolution pût chanceler; il ne tourna pas une seule fois la tête en arrière. Il traversa Cordoue encore endormie, et se trouva dans la campagne au moment où le soleil se levait. Les dernières ombres de la nuit glissaient vers le couchant comme de légers nuages, et les étoiles du matin s'éteignaient l'une après l'autre à l'orient.

Fils-de-l'Étoile ne put s'empêcher de s'arrêter sur une colline pour jeter un dernier regard sur la noble cité des kalifes; il put distinguer, parmi les mille terrasses des maisons, la Grande-Mosquée, élevant vers le ciel son vaste dôme; l'Arrizafa, déroulant ses belles lignes de murailles roses; le cours du Guadalquivir, les places publiques et les cimetières plantés de cyprès; il put deviner la situation des endroits témoins des principaux événements de sa jeunesse, et celle de la maison qui renfermait alors tout ce qu'il avait de plus cher dans l'univers.

Il reprit enfin sa route. En passant auprès du torrent au bord duquel il avait, quelques jours auparavant, rencontré le vieux Al-Gazal et les deux belles esclaves, il s'arrêta de nouveau, en proie à ses souvenirs et à ses pensées. Il s'assit au pied d'un arbre, et posa son front sur sa main.

Il éprouva tout à coup une émotion vive, une émotion différente de toutes celles qui l'avaient agité depuis quelques mois;

son teint s'anima et ses yeux étincelèrent; il venait de reconnaître la mystérieuse Péri.

Cette fois, l'esprit aérien avait pris une forme visible, souple, gracieuse, variable, flottante; son visage était celui d'une belle femme; et, quoiqu'il conservât quelque chose de la limpidité et de la mobilité de la lumière, il semblait rappeler les traits de la malheureuse Zetnab.

— Allah soit ton guide, Bar-Cokba! dit la voix céleste; ton entreprise mérite la protection du ciel et l'admiration des hommes : mais garde-toi d'hésiter! C'est dans le chemin du mal que l'on doit marcher irrésolu. Quant à toi, cher disciple, reprends ton voyage. Que sais-tu? peut-être un heureux événement, encore caché dans l'avenir, t'offrira le prix de ton courage. N'est-ce pas en creusant un sol fangeux que l'on découvre une mine d'or? N'est-ce pas en perçant les nuées que l'aigle arrive au soleil? Bar-Cokba, le jour est beau, les oiseaux chantent, la terre sourit, le matin brille : lève-toi, marche!

— Je t'obéis! s'écria Fils-de-l'Étoile; je t'obéis, ô toi qui maintenant me parais si belle, et dont la voix est depuis longtemps chère à mon cœur! Mais je sens que ce cœur, tout plein de larmes, est un lourd fardeau pour un voyageur.

XI.

Vers l'heure de la quatrième prière, c'est-à-dire, vers le coucher du soleil, Fils-de-l'Étoile, après avoir marché tout le jour, arriva au pied d'une haute montagne. Il commençait de la gravir, lorsqu'il vit venir à lui un vieillard qui s'appuyait sur un bâton.

— Mon fils, lui demanda le vieillard, par quel accident te trouvai-je ainsi seul dans ce désert, au commencement de la nuit?

— Ce n'est point un accident, répondit le voyageur; c'est ma volonté qui m'a conduit. Mais, ô vieillard, si tu désires apprendre mon histoire, daigne partager auparavant le repas dont j'ai besoin.

— Viens dans ma cabane, repartit le vieillard; l'air de la nuit, dans ces montagnes, est souvent funeste aux voyageurs attardés.

En disant ces mots, le vieillard prit un petit sentier, et conduisit Fils-de-l'Étoile dans un antre creusé par la nature, et tapissé de mousses et de lichens. Une source limpide jaillissait à quelques pas au-dessous de l'antre, et coulait en murmurant sur un sable bien lavé.

Le vieillard alluma un grand feu de feuilles sèches et de broussailles; il étendit sur la terre une natte de roseaux sur laquelle il plaça des rayons de miel et des fruits sauvages, et il invita son hôte à s'asseoir auprès du foyer.

Fils-de-l'Étoile ajouta à ce repas frugal quelques petits pains de froment qu'il avait emportés dans son sac de voyage; il offrit même au vieillard un gâteau de farine de riz cuit avec du sucre de cannes, puis il se mit à manger avidement, en disant qu'il n'avait encore rien pris de tout le jour. Le vieillard, charmé de sa bonne mine et de sa politesse, lui dit en souriant :

— Mon fils, la prière fait la moitié du chemin vers Allah; le jeûne conduit à la porte des demeures célestes; l'aumône enfin y donne entrée.

A la fin de ce repas, et sur la demande du vieillard, Fils-de-l'Étoile raconta ses principales aventures, hormis celles qui concernaient la Péri; sa protectrice, il s'en souvenait, lui avait expressément recommandé d'être discret.

Pendant ce récit, le vieillard manifesta, par ses gestes et par l'expression de ses traits, beaucoup d'intérêt et de surprise; mais il attendit, pour parler, que le voyageur eût achevé sa narration.

— Mon fils, dit-il alors d'un ton grave, le Prophète a dit : ne transigez pas avec mes ennemis! Si tu te rappelles cette sainte parole, juge combien tes projets m'ont dû surprendre! Néanmoins, je ne suis pas de ceux qui prétendent que l'âme d'un jeune homme n'a point de place pour y loger la sagesse. Ecoute-moi, tu me parais triste et fatigué, veux-tu passer la nuit sur ce lit de feuilles? Pendant que le sommeil calmera ton sang et tes peines, je vais méditer sur tes paroles, et demain, au lever du jour, je pourrai sans doute y répondre suivant l'inspiration d'Allah.

Fils-de-l'Étoile accepta sans hésiter l'offre hospitalière du vieillard; il se jeta tout habillé sur le lit de feuilles, et s'endormit profondément. Les souffrances de l'âme se lassent parfois en même temps que celles du corps, et l'homme s'anéantit dans un sommeil sans rêves.

Le jeune voyageur fut réveillé par les rayons du soleil et par le chant des oiseaux; il se hâta de sortir de la caverne. Il trouva le *fakir* [1] sur la montagne, en contemplation devant une dernière étoile qui brillait au loin dans l'azur du ciel.

— Mon fils, dit le vieillard à son hôte, viens saluer avec moi cette étoile du matin! Image de la gloire humaine, elle a triomphé d'une longue nuit pour disparaître plus rapidement devant un astre supérieur : ainsi feront tôt ou tard les noms des hommes, car il n'y a point sous les cieux de véritable immortalité. Mais que dis-tu de ma demeure? loin des hommes, seul avec mon âme, je passe des jours aisés et tranquilles; je n'éprouve jamais d'orgueil, je n'excite jamais d'envie; il y aura tantôt vingt ans que je n'ai quitté ce désert. Et pourquoi

1. Ermite, saint, sage, pauvre.

le quitterais - je? Ces arbres n'ont - ils pas des fruits pour ma faim? ces ruisseaux, de l'onde pour ma soif? et ce ciel, soit que le soleil le colore, soit que la nuit l'illumine, ce ciel n'est-il pas pour moi comme une magnifique mosquée où brillent des lampes éternelles?

— Allah est grand! répondit Fils-de-l'Étoile; heureux qui peut s'entretenir face à face avec Allah!

— Plus heureux encore celui qui doit servir d'exemple aux hommes! reprit le vieux fakir; il est mieux d'être un sage au milieu des dangers du monde que dans la paix d'un désert; il y a de nobles luttes et des repos inutiles. Mais Allah donne à chacun ce qui lui convient; respectons ses arrêts impénétrables. Mon fils, Allah m'a dit que ton projet est grand et généreux; accomplis-le!

— Désormais rien ne peut plus m'arrêter! s'écria le maure. Allah, *elle*, mon cœur, ma raison, ta sagesse, tout m'encourage, tout m'entraîne!

— Sois confiant envers Allah, et prudent avec les hommes, dit le fakir; avec ces deux vertus, tu pourrais traverser l'univers!

— Puissé-je revoir un jour ma mère et Cordoue? Mais comme ma vie est entre les mains d'Allah, et que mon heure dernière est cachée au sein du temps, daigne m'écouter, sage vieillard. Si, dans quarante jours, tu ne m'as point vu reparaître, c'est que je serai mort ou prisonnier; abandonne alors ta solitude, et dirige tes pas vers Cordoue. Tu sais mon nom : toute la ville pourrait te montrer la maison de ma mère. Dis à ma mère de demander à l'épouse de son fils ce qu'est devenu ce fils, puis tu la consoleras par des paroles de résignation et de sagesse. Entre ensuite dans le palais du Commandeur des croyants, et cherche, parmi les nobles émirs, un sage comme toi, nommé Jahiah-al-Gazal; tu lui remettras cette feuille de palmier, sur laquelle je vais écrire quelques mots. J'ai dit.

— Tout cela se fera si, dans quarante jours, je ne t'ai point vu reparaître; mais, mon fils, songe sans cesse à ce conseil : sois confiant avec Allah, et prudent avec les hommes.

Ils retournèrent à la caverne. Fils-de-l'Étoile reprit son sac de cuir, et fit disparaître de ses vêtements tous les objets qui pouvaient attirer l'attention ou exciter la cupidité. Il franchit enfin la montagne, et se trouva peu de temps après dans une petite ville, qu'un peuple ancien appelait *Mellaria* [1].

Là, le voyageur acheta un cheval vigoureux et agile. Il reprit sa route, et fit de grandes journées. Le soir, il se reposait dans les kans établis aux portes des villes conquises, ou bien il demandait l'hospitalité aux tribus d'arabes cultivateurs auxquels les kalifes abandonnaient d'immenses terrains à défricher.

A mesure qu'il s'avançait vers le nord, il voyait la terre changer d'aspect, et le ciel se couvrir de brumes pluvieuses. Les grands arbres se multipliaient; un vent criard agitait leurs cîmes. L'homme lui-même, comme un miroir du monde extérieur, semblait augmenter de rudesse.

Vers le milieu du dixième jour, Fils-de-l'Étoile vit apparaître tout à coup une grande ville suspendue aux penchants d'une étroite et sombre vallée. Un superbe aqueduc, ouvrage antique d'un peuple éteint, construit en granit bleu et haut de plus de cent pieds, alimentait la ville d'une eau pure et lointaine. Cette ville était *Segovia*.

Le jeune voyageur se rendit à la maison de l'alcayde. Le gouverneur était un ancien officier de guerre, qui avait accompagné dans plus d'une bataille le kalife Abdalrahman; il reçut avec distinction le jeune ami de Sa Hautesse.

1. *Fuente-Ovejuna*; comté de *Benalcazar*.

Le lendemain, après avoir fait encore environ vingt milles, Fils-de-l'Étoile découvrit, au confluent de deux rivières, une petite cité ceinte d'une double muraille, et protégée au midi par une forteresse; il demanda à un chevrier qu'il aperçut dans la plaine, comment on nommait cette ville, et il tressaillit en apprenant qu'il se trouvait devant Penafiel.

En ce temps-là don Ramiro, fils d'Alonzo - el - Casto, neuvième successeur de Pélage, régnait à Oviédo. Pendant que les Maures étaient occupés à repousser des peuplades barbares et inconnues [1] qui venaient de faire irruption sur les côtes enchantées de l'Andalousie, don Ramiro s'était emparé d'un grand nombre de villes conquises par ses ennemis dans les Astures et dans les Castilles; mais Penafiel était la position la plus avancée que les chrétiens possédassent encore au sein de l'empire des kalifes.

XII.

La salle d'armes, dans la forteresse de Penafiel, était vaste, irrégulière et sombre. Sur les murailles, noircies par le temps, on voyait, suspendus, des glaives et des boucliers, ainsi qu'un grand crucifix d'ivoire. A côté d'une ouverture oblongue qui tenait lieu de fenêtre, un large fauteuil, grossièrement sculpté, était posé sur une estrade de chêne.

Sur ce fauteuil était assis, dans une attitude pensive, un guerrier dont le visage exprimait la souffrance et l'abattement. Il portait une tunique de laine rouge serrée à sa taille. Deux beaux lévriers noirs dormaient à ses pieds.

Un bruit de pas le tira de sa rêverie. Il leva la tête; ses yeux tombèrent sur un homme vêtu selon l'usage des mahométans, et conduit par quelques soldats.

1. Les Normands.

— Un captif? demanda-t-il en regardant les soldats.

— Non, senor; répondirent ces derniers; un espion.

— Laissez-le venir à moi!

Le prisonnier musulman fit alors quelques pas en avant, et le guerrier chrétien l'examina avec attention.

— Tu es bien jeune pour un pareil métier, dit ce dernier en langue romane; un espion ne doit-il pas porter un front de marbre? Pourquoi le tien change-t-il de couleur à chaque instant?

Le prisonnier paraissait, en effet, éprouver une émotion très-vive, quoique son regard assuré ne quittât pas le visage de celui qui l'interrogeait.

— Es-tu muet? reprit le chrétien avec impatience, ou ne comprends-tu pas le langage des hommes? D'où viens-tu? Qui es-tu? Que veux-tu?

Le prisonnier essaya, sans y parvenir, de prononcer quelques paroles.

— Par Notre-Dame d'Oviédo! continua le guerrier, ceci mérite attention! Sarrazin maudit, quand cesseras-tu d'étudier insolemment chaque trait de mon visage? Pourquoi m'examiner ainsi? Désires-tu me retrouver quelque part? Si c'est sur un champ de bataille, apprends, infidèle, que je m'y rends sans tarder toutes les fois qu'un ennemi me défie, ou que mon roi me l'ordonne!

— Tu te trompes, noble émir, dit alors le prisonnier en surmontant peu à peu son trouble; tu te trompes, lorsque tu crois que mon front, semblable à un lac qui réfléchit les nuages du ciel, soit le miroir de la honte et de la lâcheté de mon cœur. Mais, insensé que je suis! à quoi bon te parler de choses que tu ne peux comprendre encore? Avant que je réponde à tes questions, il faut que je sache si je m'abuse, en voyant en toi l'émir Diégo de Penafiel.

— Je suis celui que je suis, répondit le castillan ; je suis don Diégo de Penafiel. Je gouverne cette ville en l'absence du roi d'Oviédo. Un guerrier chrétien n'a qu'un nom.

— Heureux jeune homme ! s'écria le prisonnier avec tristesse; le jour de ta naissance sur la terre fut une fête dans le ciel ! le Tout-Puissant souriait lorsqu'il ordonna à l'ange Sébhaël d'écrire le livre de tes destinées !

— Sarrazin, repartit don Diégo, ceux de ta nation sont réputés grands nécromans et magiciens ; ils possèdent, dit-on, des charmes qui peuvent agir de loin, et qui consistent en un seul mot jeté sur la victime; serais-tu l'un de ces infâmes opérateurs?

— Je suis Bar-Cokba-el-Hakim, répondit le maure en souriant de la simplicité du chrétien ; c'est-à-dire, dans ton langage, je suis *Fils-de-l'Etoile-le-Médecin.* Ma science repose sur l'expérience, et s'adresse à l'humanité ; ma science est le fruit des quarante ans que passa mon père à secourir les malheureux.

— On dit aussi, reprit don Diégo avec un peu moins de hauteur, on dit qu'il y a parmi vos peuplades des sages experts à soulager les souffrances du corps, et à en cicatriser toutes les blessures. Mais toi, jeune sarrazin, en supposant que tu appartinsses à cette classe d'hommes habiles, quel motif t'amène à Penafiel?

— Je viens te guérir, répondit Fils-de-l'Étoile ; ne souffres-tu pas encore d'un coup de lance que tu as reçu il y a trois mois, en combattant auprès d'une jeune femme? Cette fois, suis-je un imposteur? Crois-tu que je ne sache pas à qui je m'adresse?

Don Diégo regarda le maure avec étonnement.

— Et qui t'envoie à Penafiel? demanda-t-il ensuite d'un ton vif.

Fils-de-l'Étoile laissa tomber un regard sur les soldats rangés devant la porte de la salle; puis, s'étant encore rapproché du fauteuil de don Diégo :

— Esperança de Santa-Pola, dit-il à demi-voix.

Don Diégo se leva debout en tressaillant; puis, il retomba sur son siége en poussant un faible cri. Les soldats, ne sachant comment interpréter ce mouvement, se précipitèrent sur le prisonnier.

— Laissez cet homme, et retirez-vous, dit don Diégo d'un ton pénible, mais impératif; ce sarrazin est un *moçarabe*, un allié. Maure, ajouta-t-il pendant que les soldats s'éloignaient, vois combien il est facile à l'homme de s'oublier! Je te parlais tout à l'heure de combat, et, comme tu l'as dit, je souffre encore d'une blessure. Comment songerais-je à revêtir une cuirasse de fer, moi qui peux à peine supporter cette tunique de laine? Mais...

En ce moment, le dernier des soldats sortait de la salle d'armes. Don Diégo l'ayant suivi des yeux jusqu'à ce qu'il l'eût vu disparaître, se retourna vivement du côté de Fils-de-l'Étoile.

— Quel nom viens-tu de prononcer? s'écria-t-il; maure, as-tu dessein de te jouer de ma crédulité?

— Noble émir, répondit Fils-de-l'Étoile, mon cœur parle toujours avec ma bouche. Mais si tu doutes de la vérité de mes paroles, en croiras-tu cette bague et cet écrit? Regarde, et lis.

— Elle vit donc? demanda le chrétien après s'être emparé des objets que lui montrait le maure, et en les couvrant de baisers.

— Elle vit! répondit le maure d'une voix sourde.

— Dans l'esclavage?

Fils-de-l'Étoile hésita.

— Libre! dit-il enfin.

Don Diégo déplia précipitamment une feuille de parchemin, et lut ce qui suit :

« Au senor don Diégo de Penafiel, Esperança, comtesse de « Santa-Pola, salut !

« Dieu veuille que ce message arrive jusqu'à vous, senor, et « vous trouve vivant et libre ! Pour moi, qui vous ai vu tomber « mourant au milieu de vos ennemis, j'ai vécu depuis trois « mois dans une incertitude bien cruelle; j'ignore même si « cette lettre, que je couvre de mes pleurs, sera mouillée d'une « seule de vos larmes !

« Le maure que j'ai choisi pour messager m'a sauvé l'hon- « neur et la vie; il vous expliquera bien des choses. On dit « qu'il est habile et vertueux; le roi de ce pays le vénère beau- « coup. Aimez-le pour l'amour de moi; et, quoique son âme « soit encore livrée aux ténèbres, respectez-le comme un « homme qui, vivant parmi les méchants, a su conserver des « sentiments de bonté.

« Cher senor, nous avons éprouvé tous les deux de grandes « afflictions en ce monde; nos familles ont été emportées par « les guerres qui ont désolé l'antique et glorieux royaume des « Goths. Mais, pour prix de tant de douleurs, je ne demande « à la Miséricorde divine que de nous permettre de confondre « un instant nos prières ici-bas, avant de nous accueillir en- « semble dans l'éternité !

« Que les Saints intercèdent pour nous aux pieds du Sei- « gneur, et que les Anges nous protégent ! »

Don Diégo relut plusieurs fois de suite la lettre de la jeune chrétienne; il ne cherchait point à cacher le trouble, le respect et l'ivresse que cette lecture lui causait.

— Maure, dit-il tout à coup en présentant sa main droite à Fils-de-l'Étoile, sois mon ami ! Par cette croix, symbole vénéré, par l'âme de mon père et par mon honneur d'homme libre, je te promets protection et amitié ! sois-moi fidèle, et je te serai dévoué !

— Allah soit loué! s'écria le maure en baisant la main de don Diégo; noble émir, tu me rends enfin justice. Puisse cette main qui serre la tienne tomber en poussière au moment où mes regards deviendront ceux du serpent, où mes paroles ressembleront aux larmes du crocodile!

— Maure, reprit le chrétien, je vais mettre à l'épreuve ton amitié. Raconte-moi comment tu as rencontré la femme qui t'envoie, comment tu lui as sauvé la vie et l'honneur?

Fils-de-l'Étoile, extrêmement pâle, s'appuya sur le fauteuil de don Diégo.

— Je ne dois pas encore te faire ce récit, répondit-il. Les grandes émotions, quelles qu'elles soient, ont de funestes résultats pour un malade. Lorsque je t'aurai rendu la santé du corps, je n'hésiterai plus à te rendre le repos de l'âme. Qu'il te suffise d'apprendre en ce moment que la noble femme dont tu m'as parlé, vit en sûreté dans la maison de ma mère!

Don Diégo renouvela ses instances sans même obtenir un mot de réponse. Forcé de se soumettre à la volonté du maure, le chrétien frappa du pommeau de son épée un bouclier suspendu. Un serf, vêtu d'une tunique de peaux de bêtes, vint allumer une torche de bois résineux, et recevoir l'ordre de préparer le repas de l'hospitalité.

Fils-de-l'Étoile examina la blessure de don Diégo; le fer d'une lance avait pénétré profondément dans le côté droit de la poitrine, mais sans léser aucun des principaux organes de la vie. Se rappelant les instructions de son père, Fils-de-l'Étoile déclara que la blessure était peu dangereuse, et que huit jours de soins suffiraient pour la guérir radicalement. Il remit au lendemain à lever le premier appareil, car il avait besoin de quelques simples, et il était déjà trop tard pour aller les ramasser dans les bois.

XIII.

Ainsi que l'avait prévu Fils-de-l'Étoile, don Diégo, au bout de huit jours, redevint ce qu'il avait toujours été, un guerrier prêt à lever la lance ou à tirer l'épée; seulement un peu de pâleur couvrait encore ses traits nobles et réguliers.

Après de nombreux entretiens, le médecin et le malade avaient conçu, l'un pour l'autre, une grande estime, une franche amitié; ils en étaient venus jusqu'à se souhaiter réciproquement, soit dans leurs discours, soit dans leurs prières, une autre croyance, un changement de nation.

Fils-de-l'Étoile dut enfin remplir la promesse qu'il avait faite à don Diégo, et il n'attendit point que celui-ci la lui rappelât.

— Don Diégo, dit-il avec un peu d'embarras, jure-moi de m'écouter avec patience; garde-toi surtout de la jalousie. Ai-je besoin d'ajouter qu'un récit invraisemblable doit être respecté dans la bouche d'un ami? Le ciel se couvre de nuages, mais vient le vent qui les dissipe; on ne juge point d'un palais en n'en regardant que le faîte : mon discours sera comme ce ciel ou comme ce palais.

— A quoi bon me parler ainsi? s'écria don Diégo; l'amitié n'a point de ces ménagements! Bar-Cokba, je te fais le serment d'être confiant, et je t'écoute.

— Allah est grand! reprit le maure en levant les yeux au ciel; puis, les laissant retomber sur le chrétien, il continua :

— Parmi les femmes de son harem, le kalife avait une esclave si noble et si belle, qu'en la voyant pour la première fois, je l'aimai. Un événement imprévu fit connaître mon amour à Sa Hautesse. — « Cette esclave est vierge, me dit-il; jure-moi de n'aimer qu'elle seule en ce moment, et je te la donne! » —

Je fis le serment, et je fus marié. Les fêtes de mon mariage se passèrent dans le palais du Commandeur des croyants. Pauvre aveugle que j'étais, je marchais alors au milieu d'une prairie en fleurs, mais sur le bord d'un abîme. Lorsque j'entrai dans la chambre de ma femme, ma femme se précipitant à mes genoux, et les embrassant tout en larmes, me dit : — « Je suis chrétienne; je me nomme Esperança de Santa-Pola ! »

— Ciel ! s'écria don Diégo ; maure, que dis-tu?

— Je la pris dans mes bras, continua tranquillement Fils-de-l'Étoile; je la relevai doucement, et je la fis asseoir sur un sofa. Je la suppliai de calmer sa douleur et sa terreur; mais son esprit ne comprenait pas mes paroles, et ses sanglots couvraient ma voix. Alors je me mis à la regarder en silence. — « Bar-Cokba, me dit-elle tout à coup, il est impossible que je sois à toi ! » — Zetnab, lui répondis-je sans colère, — Zetnab était le nom qu'elle portait dans l'esclavage, — Zetnab, ne m'as-tu pas accepté pour époux, et sans violence? — « Quand le kalife ordonne, me dit-elle, qui peut refuser d'obéir? Toi-même, n'as-tu pas vu sa colère? Ce n'est point la mort que je craignais, mais bien quelque honteux supplice. » — Mais, Zetnab, m'écriai-je, tu ne sais donc pas que je t'aime? — « Je le sais, me répondit-elle; écoute-moi ! Il y a trois mois, je me rendais à Penafiel, avec mon père, le comte de Santa-Pola, et mon mari, le seigneur don Diégo de Penafiel; mon mariage avec ce dernier venait d'être conclu seulement depuis une heure; il m'emmenait dans sa maison. Nous avions, autour de nous, vingt cavaliers pour nous escorter et nous défendre. Une troupe de sarrazins nous attaqua; je vis mon père tomber mort à mes pieds, et mon mari, frappé d'un coup de lance, rouler sanglant sur la poussière. » — Zetnab s'arrêta pour verser des larmes : je la regardais toujours sans lui parler. — « Quant à moi, reprit-elle après un silence, je devins la proie de nos ennemis; on m'entraîna sans connaissance. Je fus vendue au kalife, et la favorite me choisit pour son esclave. Vivant tout entière en mes souvenirs, je m'étais résignée à des apparences d'humiliation et de servitude; mais lorsqu'on a voulu me donner à toi, j'ai senti renaître ma rage et mon désespoir. Bientôt tu tombas aux pieds du kalife, et, au péril de ta tête, tu conjuras son ressentiment; ce dévouement attira mon attention, et je me dis : s'il m'aime, il se montrera généreux; qu'il ose m'outrager, je me tue! » — As-tu fini, Zetnab? lui demandai-je en la voyant s'arrêter de nouveau pour observer sur mes traits l'effet que ses paroles pouvaient avoir produit dans mon cœur. — « Écoute encore, continua-t-elle. J'aimais mon mari de toutes les forces de mon âme; mon honneur seul m'était plus cher que mon mari. Son souvenir fait encore le charme et l'amertume de tous mes instants. S'il est mort, je te jure, par le Dieu de ma nation, de passer le reste de ma vie auprès de toi, de te servir comme une esclave et de t'aimer comme une sœur; mais s'il est vivant, fais une action qui t'honore; vas le trouver, et fixe avec lui le prix de ma rançon. Don Diégo n'a besoin que d'une épée; il me rachèterait au prix de l'héritage entier de ses aïeux. Maure, tu mériteras alors ma reconnaissance et mon admiration. » — Tel fut le récit de ma jeune épouse, de Zetnab. Je méditai. Je sentis dans mon cœur mille sentiments opposés y combattre et le déchirer. Une ardente jalousie irritait toutes mes passions. Mes désirs, déjà brûlants, s'animaient encore du feu de ma colère. Le génie de la volupté me caressait de son haleine contagieuse. Mes jambes tremblaient et s'affaissaient; ma poitrine se soulevait sans respirer; mon sang bouillait dans mes veines gonflées: et mon front, du moins je le crus, ressentait l'impression d'un fer rouge. Je trouvais la pauvre Zetnab si belle dans ses douleurs! Mes baisers eussent séché avec tant d'ivresse chacune de ses larmes!

Je fis un effort sur moi-même, et je parvins à fermer les yeux. J'invoquai tout bas Allah et le Prophète. Un moment suffit pour rendre le calme à mes sens, la paix à ma pensée et la générosité à mon âme; le trouble de mon être fut aussi court que douloureux. Je m'efforçai de sourire, et je répondis : — Qu'il soit fait selon ta volonté, belle et vertueuse Zetnab! — Mais, surpris de l'émotion que trahissait ma voix, je me tus. Lorsque je repris la parole, ce fut pour m'informer de la route qui conduit à Penafiel, et des chances de rencontrer don Diégo. Zetnab écrivit alors la lettre que je t'ai remise. — Aime ma mère, lui dis-je alors en la quittant, mais ne lui parle de rien avant mon retour. J'ai tout à redouter dans ce nouveau voyage: la haine des chrétiens, la colère du kalife, et la tendresse de ma mère; je ne veux point qu'elle t'accuse de l'avoir séparée de son fils. Zetnab, que la Miséricorde d'Allah te protége jusqu'à mon retour! — Ma jeune femme voulut embrasser de nouveau mes genoux, mais je me retirai brusquement. Je montai sur la terrasse de ma maison, et j'y attendis le lever du jour. Je descendis, je pris congé de ma mère, et je partis. Tu sais le reste. J'ai dit.

Pendant ce récit fait d'une voix calme et amère tout ensemble, don Diégo s'était troublé de plus en plus; ses yeux lançaient des éclairs, et son front devenait sombre.

— Tu l'aimais? demanda-t-il à Fils-de-l'Étoile.

— Je l'aime encore, répondit le maure en pâlissant.

— Et qu'exiges-tu pour sa rançon? ajouta le chrétien avec un sourire ironique.

Le maure recula de quelques pas; puis, croisant les bras sur sa poitrine, il contempla don Diégo avec tant de fierté que celui-ci pâlit à son tour et détourna son regard.

— Pardonne, Bar-Cokba, pardonne, s'écria-t-il; Satan m'a soufflé la plus exécrable des pensées. Mes secrets soupçons faisaient injure à la plus noble des femmes, et voilà que je viens d'outrager hautement le plus dévoué des amis! Maure, ne t'en prends qu'à la grandeur de ta vertu!

— C'est trop de paroles pour une faute légère, dit Fils-de-l'Étoile en se rapprochant; le premier mot aurait suffi.

— Ami, je m'abandonne à tes conseils, reprit vivement don Diégo. Quelle sera la fin de tout ceci? Que dois-je faire? Que résoudre? Quand reverrai-je Esperança?

Le maure répondit :

— Allons à Cordoue!

— Ah! mon cœur y est déjà! que ne m'est-il permis de le suivre? Mais je garde cette ville au nom de mon roi, et don Ramiro est à cent milles de Penafiel. La voix de mon devoir fait taire celle de mon amour.

— Est-ce un devoir de vivre emprisonné dans ces murailles? Viens avec moi, don Diégo; c'est la liberté qui t'appelle! Ma maison sera la tienne; tu deviendras mon frère suivant la loi; ma mère te chérira comme un fils, et ne saura bientôt plus lequel de nous deux est le véritable. Si tu tiens aux richesses, aux honneurs, à la renommée, adopte notre croyance et nos coutumes; le kalife sera fier de te compter au nombre de ses plus vaillants guerriers.

— Tout quitter! mon Dieu, mon honneur, mon pays! maure, je ne le ferais pas pour le trône de ton kalife! Fallût-il renoncer à l'espoir de revoir celle que j'aime, je resterais encore et toujours celui que je suis. Mes ancêtres m'ont transmis un nom et une épée, et ils regardent du haut du ciel comment j'honore l'un, et contre qui je me sers de l'autre. Ma maison n'a qu'un héritier, c'est moi; que l'on me chasse de nos villes, je me réfugierai dans nos montagnes; si l'on me poursuit dans nos montagnes, je me défendrai jusqu'à la mort, et j'irai rejoindre mes aïeux!

— Les chrétiens ont leurs vertus, dit le maure d'un air de méditation et de respect. Pour moi, je sais ce qui me reste à faire; je vais partir.

— Oui, pars! s'écria don Diégo; vole à Cordoue, et ramène ici ta captive! Je te dirai ce que tu m'as dit : ma maison sera la tienne. Tes vertus sont celles d'un chrétien : embrasse notre foi sacrée.

— Tout quitter! répondit Fils-de-l'Étoile avec expression; Allah, ma mère, le tombeau de mon père et la gloire! chrétien, je ne le ferais pas pour le bonheur! Tes montagnes ont-elles mon soleil? tes champs se couvrent-ils des mêmes fleurs que celles de ma patrie? Où trouverais-je ici les chemins que j'ai parcourus, les torrents que j'ai franchis, les orangers qui ont ombragé mon front, les brises qui m'ont caressé dans mon enfance? Et les endroits où j'ai rêvé, où j'ai pleuré, où j'ai aimé; où donc les retrouverais-je? Tous mes souvenirs sont à Cordoue, et je retourne à Cordoue!

— Mais ta captive?

— Elle t'apportera mes derniers adieux. Dans les joies de votre réunion, vous oublierez bien vite celui qui vous les aura causées!

— Ne le crois pas, Bar-Cokba, ne le crois pas! tant que mon cœur battra dans ma poitrine, il y aura un mouvement pour toi! Tant que ma voix pourra prononcer une prière, les anges emporteront ton nom aux pieds du Seigneur, et lui demanderont de le bénir!

— Allah soit loué, s'il en est ainsi! Et moi, don Diégo, je me souviendrai toujours de Penafiel.

XIV.

Bientôt Fils-de-l'Étoile fit ses préparatifs de départ; il reçut de don Diégo, pour prix de la santé qu'il lui avait rendue, un magnifique cheval andalous; les deux amis échangèrent ensuite leurs poignards.

Escorté d'une vingtaine de guerriers chrétiens commandés par le gouverneur, le maure sortit enfin de Penafiel; après avoir parcouru ensemble quelques milles, les deux nouveaux amis se séparèrent pour jamais.

Profondément pensif, Fils-de-l'Étoile reprit le chemin qu'il avait suivi peu de jours auparavant : son cœur était rempli d'amertume. Il est douloureux de s'éloigner d'un ami; mais le maure trouvait peut-être plus pénible encore de se séparer du bonheur?

L'âme est mystérieuse comme la nuit. Lorsque l'ombre couvre la terre, tous les objets changent de nature aux sens avides de l'imagination; la montagne devient un nuage; l'arbre, un fantôme; la brise, une voix. Dans les passions, il en est souvent ainsi des sentiments de l'homme; l'orgueil prend l'aspect de la grandeur; le désespoir, celui de la mélancolie; la vanité, celui du désintéressement. Peut-être le jeune maure, en quittant Cordoue, espérait-il ne rencontrer jamais don Diégo de Penafiel?

Donc, Fils-de-l'Étoile ne voyageait pas rapidement. Les jours se succédaient les uns aux autres sans le troubler dans sa pesante rêverie; ou, s'il en sortait par moments, c'était pour contempler, soit la chute d'une goutte de rosée dans la poussière, soit l'ombre moqueuse de son corps voltigeant sur le chemin, soit la décoloration subite d'un beau nuage.

Il traversait un soir une chaîne de montagnes. En vain la nature étalait de tous les côtés ses accidents et ses couleurs les plus pittoresques : ici un bois sombre formé de mille pieds de chênes; là, le dos immense d'une plaine couvertes de myrtilles; plus loin, une cascade tombant impétueusement du faîte d'un rocher; plus loin encore, un clair ruisseau roulant ses eaux sur le miroir de ses bords fleuris, le voyageur passait insensible.

La nuit l'ayant enveloppé tout à coup, il chercha un abri qui lui permît d'attendre le jour. Après de longues recherches, il découvrit une caverne, et, avec l'imprudence de la jeunesse ou du malheur, au risque de troubler quelque bête fauve dans sa retraite, il entra sans hésiter, tirant son cheval après soi.

Il lui sembla qu'il marchait sur un tapis. Il crut distinguer, à travers les ténèbres, des reflets d'or et de diamants; mais, sans s'arrêter à ce qu'il regardait comme une illusion, il se coucha sur le sol et s'endormit.

Il eut un songe. Il se vit enfant; mais, après avoir vécu rapidement toute son enfance, il se retrouve jeune homme. Le temps ne se mesure pas dans un rêve.

Il se promène dans une prairie, au bord d'un bois de lauriers-roses; il aperçoit deux oiseaux, un colibri et une hirondelle, se débattant dans les filets d'un oiseleur; il veut leur donner la liberté. Paraît un vieillard; c'est un puissant magicien, c'est le maître des deux oiseaux prisonniers. Le vieillard prend le jeune homme par la main, et le conduit dans un palais d'émeraude où voltigent, retenus chacun par un fil de soie, une multitude d'oiseaux semblables aux deux premiers. Le magicien dit à son hôte : — Choisis ! — Fils-de-l'Étoile parcourt l'immense volière du regard, et l'arrête enfin sur le colibri. — Celui-ci appartient au maître, dit le vieillard. — Fils-de-l'Étoile se dispose à faire un autre choix, lorsqu'il découvre dans un coin une grande cage de saphir, couverte d'une double gaze azurée à paillettes d'or; il entrevoit les mouvements de deux ailes embaumées, il entend le murmure d'un chant d'amour. Le vieillard dit : — Celui-ci appartient à Dieu ! — Alors Fils-de-l'Etoile choisit l'hirondelle, à cause de la simplicité de son plumage, à cause de son plaintif gazouillement.

Le jeune homme est transporté tout à coup sur les créneaux d'une haute tour, au sommet d'une noire montagne, au milieu d'une forêt habitée par la nuit. Il regarde : aux pierres ruineuses des murailles est suspendu un nid de terre; — il se penche : une hirondelle ensanglantée attend seule en se plaignant; — il écoute : un chant d'amour trahit un amant qui pleure la perte de sa compagne; — il sourit : l'oiseau lève la tête, et va se poser dans sa main; sa main s'ouvre, et deux hirondelles prennent leur essor en chantant : adieu! adieu!

Il est étendu sur la terre, aux environs d'une grande ville, presque sous l'ombre des montagnes. Des hommes passent et disent : — Il dort! — d'autres passent de nouveau et disent : — Qu'il est pâle! — d'autres encore : — Il est mort. — Il se sent anéanti; mais son cadavre possède les sens de l'ouïe et de la vue.

Une grande reine couverte d'une robe dont la couleur ressemble à celle de l'aurore, sort d'une tente de cachemire et vient à lui; elle porte sur sa tête un turban vert surmonté d'un croissant d'argent; elle tient dans ses mains de l'encens et un luth brisé; elle pleure.

O prodige! la grande cage de saphir couverte d'une double gaze azurée à paillettes d'or, descend des airs; le voile se déchire, les barreaux se brisent, et un oiseau s'envole, sublime d'harmonie et de splendeur; il appelle à lui Fils-de-l'Etoile.

Alors une larme tombe des yeux de la grande reine sur le visage du cadavre... Le dormeur s'éveille en sursaut.

Les premiers rayons du jour glissaient jusqu'au fond de la caverne. Fils-de-l'Étoile porte la main à son front, et frémit d'y trouver une goutte glacée.

Il se trouva couché sur un sable doux et fin, étincelant de mille couleurs. En levant les yeux, il vit, au-dessus de sa tête, une multitude de petites pyramides d'albâtre. S'étant soulevé sur son séant, il aperçut autour de lui des colonnes blanches comme du lait et capricieusement disposées. Enfin son regard se dirigea vers l'entrée de ce mystérieux séjour.

Une femme, attentive et penchée, le regardait en souriant à demi de sa surprise. Quoiqu'elle lui parût jeune et belle, il crut reconnaître les traits d'Abriz; il allait s'écrier : — Ma mère! — lorsque l'émotion de son cœur lui fit comprendre qu'il se retrouvait encore en présence de la Péri.

— Allah soit loué! dit-il en se prosternant; il m'est bien doux de te revoir. Fille des airs, sœur de la lumière, âme de mon âme, tu préviens les désirs que, dans ma souffrance, je n'avais plus la force de former. Mais où suis-je? Quelle est cette merveilleuse retraite? Ai-je pénétré dans tes secrètes demeures? Est-ce là ton divin palais? Un génie, obéissant à tes ordres, m'a-t-il conduit vers l'enchanteresse de ma vie? Ai-je échappé au monde des hommes? Suis-je, comme toi, un esprit immortel et bienfaisant? Suis-je, comme toi, tout âme et tout harmonie?

— Non, Bar-Cokba, répondit la voix mystérieuse; tu n'es encore qu'un homme toujours soumis au malheur. Cet asile n'est point l'habitation des Péris : nous possédons d'autres merveilles. Cette caverne est l'ouvrage de la nature et du temps. Une eau pénétrante a lentement creusé ces rochers; et, filtrant à travers leurs masses compactes, les a transformés en brillants cristaux. Vois toutes ces gouttes liquides encore suspendues au sommet de ces pyramides d'albâtre; une seule de ces patientes travailleuses a quitté sa tâche pour tomber sur ton front brûlant et pour t'arracher au sommeil. Tu as choisi pour abri une grotte de stalactites [1]. Regarde, admire, et courbe-

[1]. Il y a plusieurs grottes de *stalactites* en Espagne; celles d'Alicante ont été comparées aux grottes d'Antiparos.

toi ; car Allah a créé ces audacieuses colonnes avec une pierre grossière, un peu d'eau, et l'éternité !

— Allah est grand ! s'écria Fils-de-l'Étoile.

— Ce qu'il a fait pour ces rochers, ajouta la Péri, il le fait aussi pour l'âme de l'homme ; il permet que le temps en transforme les noirs abîmes en grottes brillantes ; la goutte d'eau, c'est la douleur ou la vertu. Pourquoi donc mon bien-aimé met-il obstacle au travail de l'onde intelligente ?

— Allah ! Allah ! répondit tristement le jeune maure ; je sens que mon cœur s'est brisé. Je ne pense plus, je ne vis plus, je souffre à peine. Je suis semblable au foyer inanimé d'où la flamme a disparu : l'espérance a fui de mon âme.

— Et c'est Bar-Cokba qui parle ainsi ? le disciple d'une Péri, l'ami d'un kalife, le fils adoptif d'un grand poëte, ose reculer devant sa destinée ! Il ne se souvient plus de ce qu'il était ! Gloire, amitiés, vertus, devoirs, il abandonne tout en un jour ! Il hésite entre les courts plaisirs de la vie et les incommensurables ivresses de l'éternité ! Bar-Cokba, la tombe de ton père n'a-t-elle pas parlé ? N'as-tu pas médité sur ses paroles ? Ne t'ai-je pas dit moi-même : Allah a placé le bonheur dans un autre monde, dans un monde où l'on arrive après avoir beaucoup erré dans celui-ci ?

— Que faut-il faire ? demanda Fils-de-l'Étoile.

— Pense au fakir de la montagne ; n'attends plus, pars ! Mais apprends, Bar-Cokba, apprends que tu t'es égaré loin du chemin qui mène à Cordoue !

— Allah me protége ! je pars. Mais toi, qui viens parfois caresser mon front de tes ailes parfumées ; toi, dont les accents mélodieux inspirent le dévouement et la vertu, esprit céleste, où te reverrai-je ?

— Près de ta mère !

XV.

Fils-de-l'Étoile ayant fait sortir son cheval de la grotte des stalactites, se remit en selle aussitôt; au risque de rouler dans quelque précipice, il franchit les montagnes au galop.

Le premier jour, il dévora un tiers de la route qu'il avait encore à parcourir; mais, les jours suivants, il eut à vaincre des accidents imprévus, de longs retards. Il s'égara plusieurs fois; le poids de la fatigue l'emportait par moments sur l'impatience de ses désirs, ou bien son cheval s'abattait d'épuisement.

L'aurore du sixième jour avait enfin paru, et le voyageur cherchait du regard la montagne du fakir, lorsqu'il aperçut à l'horizon, montant insensiblement, une masse conique d'un rose tendre, puis d'un gris rouge, enfin d'azur éclatant; il reconnut les sommets neigeux de la Sierra-Morena. Son noble cheval semblait deviner les sentiments qui faisaient palpiter alors le cœur de son maître; allongeant ses jambes agiles, il redoublait d'efforts et de rapidité.

Avec l'instinct particulier à quelques hommes, surtout aux poëtes, Fils-de-l'Étoile reconnut des endroits qu'il n'avait parcourus qu'une fois; il reconnut une cascade, un rocher, un vieil arbre, un buisson même. Il découvrit enfin la montagne du fakir; mais son cheval essoufflé, fumant, ne put en gravir qu'au petit pas la pente escarpée.

Pendant la lenteur irritante de cette marche, le voyageur pencha la tête sur sa poitrine, et se mit à penser au songe qu'il avait eu cinq jours auparavant dans la grotte des stalactites.

— Allah, se disait-il en lui-même, Allah éclaire le sommeil des hommes; les rêves de la nuit ne peuvent-ils, comme ceux du jour, être des pressentiments? Mais que signifiait le mien?

ce magicien, cette hirondelle; cette reine qui pleure, cet oiseau mélodieux, qu'est-ce que tout cela me présage? Et cette mort imaginaire de mon être, ce cadavre pâle et froid, est-ce un avertissement d'Asraël! Que la volonté d'Allah s'accomplisse!

Au même instant, son cheval s'étant arrêté, il leva les yeux, et vit devant lui les belles plaines de l'Andalousie, et ses collines, et ses jardins, et ses hameaux; Cordoue, ensevelie au sein des brumes lointaines; le dôme doré de la Grande-Mosquée étincelait seul à l'horizon comme un second soleil dans les cieux.

Pareil à la flèche que la main vigoureuse d'un archer vient d'abandonner à l'impulsion de la corde, et qui part invisible dans sa rapidité, Fils-de-l'Étoile se précipite sur le versant de la montagne. Les pierres se détachent et roulent sous les pas de son cheval. Il touche à la base, saute à terre, court à la caverne, entre, regarde, écoute, appelle... c'est en vain: le vieux fakir n'y était plus!

Fils-de-l'Étoile tombe à genoux, et pose avec désespoir son front sur la terre. Mais bientôt il se relève, essuie une larme, sort de la caverne, va caresser de la main son cheval qui hennit en reculant, le ramène à soi par la bride, le saisit par la crinière, se jette en selle, et, les yeux fixés sur le dôme lointain de la mosquée, s'élance, vole. L'ange de la mort, au sein des batailles, est moins agile à chercher et à frapper des victimes.

Une heure après, en traversant la ville des kalifes, le cavalier ralentit sa marche, non de crainte d'effrayer les passants, mais à cause de l'inexplicable serrement de son cœur. Tout entier attentif à ce qui se passait en lui, une force machinale le guidait seule vers la maison de sa mère.

En y arrivant, il fut surpris de ne voir personne accourir au bruit des pas de son cheval; surmontant le vague effroi que cette circonstance lui causait, il mit pied à terre, et ouvrit résolument la porte de la maison; mais il s'arrêta sur le seuil, pâle et immobile.

Une femme, le visage couvert d'un voile noir, était étendue sur un lit auprès duquel une autre femme s'était agenouillée. Celle-ci, frappée alors par la lumière de la porte, tourna la tête, et fit un cri en reconnaissant le maure.

— Zetnab, demanda Fils-de-l'Étoile en s'avançant, où est ma mère?

Esperança ne répondit pas.

— Le fakir est donc venu? reprit-il après une pause lugubre.

La chrétienne étendit la main vers l'autre femme.

— Je le savais! je le savais! s'écria le maure avec désespoir; ce message devait la tuer! — O ma mère, ajouta-t-il en s'agenouillant à son tour, si quelque chose de toi peut encore m'entendre, écoute et pardonne-moi! Pour sauver la jeune femme qui gémit à ton côté, je t'ai perdue! afin de rendre la paix à son cœur, j'ai brisé le tien! En acquérant l'estime de l'une, j'ai trahi l'amour de l'autre! Ma mère, j'accourais pourtant vers toi sur l'aile des vents; comme un avare, je me dérobais à moi-même le doux sommeil. Allah n'a point permis que j'arrivasse à temps pour clore les lèvres fatales du vieillard, ni pour recevoir au moins ta dernière bénédiction! Allah est juste: j'ai manqué de confiance en sa bonté. Mais tant que mon âme aura la faculté de se souvenir, je déplorerai ma faute; l'amour que j'aurais dû te donner vivante, je veux le consacrer à ta mémoire! Ma mère, écoute et pardonne-moi!

A ces mots, Fils-de-l'Étoile fondit en larmes. Quand il eut recouvré un peu de calme, il se releva pour interroger la chrétienne.

— Zetnab, dit-il avec douceur, raconte-moi comment le malheur est entré dans ma maison? comment s'étaient passés les jours d'absence? Ne crains rien : mon cœur est prêt à tout écouter.

— Bar-Cokba, répondit-elle d'une voix entrecoupée; à peine avais-tu quitté cette maison, que ta mère devint silencieuse et sombre. Je l'accablais en vain de caresses. Je voyais sa santé s'altérer de jour en jour. J'essayais de la conserver à ta tendresse; et j'eusse réussi sans doute, si ce vieillard n'était pas venu ce matin. C'est sur ses pas qu'est entré chez toi le malheur. Il a dit quelques mots à ta mère, et ta mère est tombée au même instant évanouie entre mes bras. Un affreux délire a succédé à cette faiblesse; elle te nommait, elle t'appelait, elle te bénissait et te maudissait tout ensemble. J'inondais ses mains de mes larmes. Enfin...

— Zetnab, interrompit le maure avec effort, rentre dans ton appartement; tu reviendras me trouver dans quelques instants. Moi aussi, j'ai des choses nouvelles à t'apprendre; mais l'ange Sébahel te protége, et il me maudit. Laisse-moi prier en paix auprès de ma mère.

Esperança se retira sans répliquer. Le maure s'assit au bord du lit funèbre, et médita. L'amertume de son cœur passa sur ses lèvres.

— Esprit du mal, trompeuse Péri, s'écria-t-il, voilà donc le fruit de mon aveugle confiance? A quoi m'ont servi tes reproches et tes conseils? Tu m'as fait franchir comme un éclair un espace immense, et tu m'as conduit auprès d'un tombeau! Tu me cherchais pour me séduire; tu m'enchantais pour me captiver! Les courts moments de volupté que j'ai goûtés en ta présence me coûtent les plaisirs de ma jeunesse, la possession d'une épouse, l'amour d'une mère et le repos de toute ma vie! Allah seul est grand, je le reconnais : il a fait la société des hommes, et j'ai cherché la solitude. J'ai mal vécu. Mais le remords me rendra-t-il jamais ma mère?

Telles étaient les plaintes du maure. Cependant le ciel se couvrait de nuages, et l'air était devenu tiède et pesant. Les hirondelles effleuraient d'un vol lourd la surface de la terre. Un de ces oiseaux battit des ailes à la fenêtre de la chambre où pleurait Fils-de-l'Étoile, et ce léger bruit prolongé le troubla dans sa douleur.

— Je t'attendais, dit-il en se levant brusquement, et je vais obéir à ton signal. Qu'ai-je à redouter, qu'ai-je à perdre maintenant? Pourquoi n'oserais-je pas tourner la tête vers le malheur, puisqu'il me chasse devant lui? Tu l'as dit toi-même, esprit mystérieux et funeste : il n'appartient pas à Bar-Cokba de reculer devant son destin!

Ayant prononcé ces paroles, il appela les esclaves de sa maison, et leur ordonna de veiller et de prier à sa place. A sa voix, Esperança sortit de sa retraite et vint à lui.

— Zetnab, dit-il alors, prends ton voile, et suis-moi.

Elle obéit aussitôt. Il la conduisit dans la rue.

— Zetnab, reprit-il, j'ai vu don Diégo de Penafiel.

La chrétienne tressaillit. Le maure se mit à sourire; elle baissa les yeux à l'aspect de ce sourire déchirant.

— Je l'ai vu, continua-t-il d'un ton saccadé; je lui ai parlé; je l'ai guéri de sa blessure; j'ai mangé le pain de son hospitalité; nous avons échangé nos armes; nous sommes amis. En un mot, il sait tout, il t'aime, il t'attend!

Esperança demeura quelques instants sans répondre.

— Je ne puis te quitter en ce moment, généreux Bar-Cokba, dit-elle enfin; tu n'as plus de mère, et ton épouse, indigne de ce titre, doit se montrer digne de celui de sœur. Je veux rester encore auprès de toi, pour essuyer tes larmes et pour apaiser tes regrets.

— Mes regrets sont éternels, Zetnab; mes larmes ont déjà tari, car je suis homme : tu ne peux rien, ni sur les uns, ni sur les autres. Mais sache qu'une heure de retard peut sceller ta captivité pour jamais. Il faut partir.

— Je ne le puis, je ne le dois pas, répondit la noble chrétienne; je suis la cause de tes malheurs.

— Au nom de ton Dieu, Zetnab, dit le maure avec sévérité, il faut partir, et je t'en prie; au nom du pouvoir que j'ai sur toi, je te l'ordonne. Reviens à toi. Qu'as-tu fait de ta raison? Qu'est devenu ton amour? Puisque tu *l'*aimes, il faut *le* rejoindre; puisque tu me dédaignes, il faut me quitter. Il faut partir. Et si tu tardes encore, que pensera don Diégo de sa maîtresse? Que pensera-t-il de son ami?

— Si don Diégo pouvait douter un seul instant de l'honneur de sa maîtresse, répartit la chrétienne avec fierté, je ne l'aimerais plus, je le haïrais!

— Vous autres, les enfants d'Issa [1], vous avez d'étranges vertus. Parmi les enfants du Prophète, la jalousie est le meilleur indice de l'amour; mais je respecte vos erreurs; je dirai plus, je les trouve belles. Quoi qu'il en soit, Zetnab, il faut partir.

— Où me conduis-tu? demanda-t-elle.

— Chez le cadi.

XVI.

Dans le salon où le mariage de Fils-de-l'Étoile avec Tourmente avait été conclu, le kalife Abdalrahman était assis en face de Force-des-Cœurs; celle-ci, étendue indolemment sur une pile de coussins, recevait dans sa bouche, avec une grâce

1. Jésus.

et une adresse toutes particulières, des raisins que lui jetait en riant Sa Hautesse. Heureusement pour ces nobles amants, la favorite n'eut pas le sort déplorable et déploré de la belle Habab, qui mourut des suites de ce jeu singulier.

Cet enfantillage paraissait amuser médiocrement la capricieuse africaine, car, ayant touché de son petit pied un luth abandonné sur le tapis, elle se mit à en écouter la voix sonore et prolongée.

— A quoi pense ma rose des roses? demanda le vieux kalife.

— Je pense à Bar-Cokba, répondit-elle; ne s'est-il pas évanoui comme se dissipe ce son mélodieux, et sans laisser aucune trace?

— Ne sais-tu pas qu'il voyage, mon Alcoloub? Sa mère ne l'a-t-elle pas dit à mon vieux bulbul favori?

— Pauvre Zetnab! soupira la favorite; comme elle a dû, comme elle doit avoir du dépit! Prendre un mari qui n'est qu'une ombre! Saisir un homme, et c'est un nuage! Etre fille, épouse et veuve en même temps! c'est trop piquant. Si jamais le jeune poëte revient sur la terre, il aura besoin de faire bâtir quelque merveilleuse muraille.

— Par le Prophète! s'écria Abdalrahman, toute cette aventure est un mystère. Je donnerais une seconde muraille, puisque muraille il y a, et que ta malice revient sans cesse sur cet objet, pour connaître le secret de Bar-Cokba.

— Et moi, pour savoir celui de ma chère Zetnab, je montrerais mon visage à trois hommes.

— Et moi, Alcoloub, je te ferais étrangler sur l'heure, non de peur que ta langue indiscrète révélât ce que tu aurais appris, mais pour avoir charmé trois hommes d'un trésor qui n'est qu'à moi!

— Veux-tu dire, sublime kalife, que tu ne sois pas un

homme? Une telle parole peut souvent en imposer à un peuple; mais à une maîtresse, jamais!

— Ouvre la bouche, folle et méchante, dit Sa Hautesse avec impatience.

La favorite bâilla : c'était obéir. Le jeu des raisins recommença.

Tout à coup on frappa des mains à la portière du salon. Le kalife ayant répondu à ce signal, le vieux Al-Gazal entra précipitamment; il paraissait vivement ému.

— Que se passe-t-il? demanda Abdalrahman. Les peuples d'Issa sont-ils aux portes de ma ville? Mes sujets ont-ils jeté le cri de la révolte et de la malédiction?

— Que le glorieux Commandeur des fidèles croyants s'abaisse à lire cet écrit! répondit le vieux poëte, en tirant de son sein une feuille de palmier, et en la présentant à Sa Hautesse.

Abdalrahman lut tout haut ce qui suit :

« Puisse Allah verser sur ton noble front les trésors de sa « miséricorde infinie! A tout autre homme j'aurais dit : Puis-« ses-tu grandir en vertus et en renommée! Sage Al-Gazal, « quarante jours se sont écoulés depuis celui où la voix du de-« voir m'a exilé de Cordoue. Après avoir bravé les larmes de « sa mère, ton fils a craint d'avoir à dompter les reproches de « son ami. Tu ne le reverras jamais; car, au moment où tu li-« ras cet écrit, il sera mort ou prisonnier. Mais si nous nous « retrouvons dans l'Éden, sous l'ombrage du *nacb* immortel, « sur les heureux bords du Kautser, je te dirai mon secret et « tu me pardonneras! »

— Que te disais-je, sublime kalife? s'écria Force-des-Cœurs; Bar-Cokba n'était pas un homme : c'était le parfum d'une fleur, le souffle d'une brise, la lumière de la rosée! Il a passé sans laisser de lui qu'un doux souvenir. Pauvre Zetnab!

— J'ai vu bien des événements, bien des hommes, murmura le kalife en retournant en tous sens la feuille de palmier; mais en ceci, que peuvent l'expérience et la sagesse? — Qui t'a remis cet écrit?

— Un fakir; il m'attend dans les jardins de ton palais; je l'ai remis à la garde de deux eunuques.

— Fais-le venir!

Al-Gazal sortit, et revint quelques instants après, suivi du messager de Fils-de-l'Étoile. Le fakir s'avança vers le kalife, la main sur son cœur, mais sans se prosterner sur le sol. Le kalife ne parut pas remarquer ce manque de respect.

— Que nous diras-tu du voyageur qui t'a confié ce message? demanda-t-il au solitaire?

— Rien, répondit ce dernier.

— Rien! répéta Abdalrahman. Mais, où l'as-tu vu? Où allait-il? Qu'est-il devenu? Quel est son sort?

— Ma langue est liée à un serment.

— Je suis le Commandeur des croyants, vieillard, dit le kalife avec hauteur; je suis le représentant d'Allah sur la terre.

— C'est devant Allah même que j'ai juré d'être muet.

Abdalrahman sourit avec mépris, et frappa des mains. Un eunuque entra. Sur un signe particulier de son maître, il sortit, et revint accompagné de deux nègres.

— Tu vois ce saint homme, dit le kalife à l'eunuque.

L'eunuque baissa la tête.

— Fais-lui donner la bastonnade!

Les nègres s'emparèrent du fakir et l'entraînèrent. Lorsqu'ils furent au moment de sortir, Abdalrahman regarda le solitaire.

— Je suis le Commandeur des croyants, dit-il, tu peux parler.

— Je suis le serviteur d'Allah, répondit le vieillard, je dois me taire.

Abdalrahman étendit la main, et resta seul avec Al-Gazal et la favorite.

— Ces fakirs, s'écria-t-il dédaigneusement, ils en imposent au vulgaire par de faux semblants de piété. Le manteau resplendissant de la religion cache les noirs secrets de leurs débauches.

— Ta Hautesse reconnaîtra que celui-ci a du courage, dit le vieux poëte.

— C'est vrai ! il m'a parlé sans pâlir. Qu'on lui donne une coupe d'or, et qu'on le chasse !

Au même instant, un autre eunuque se présenta.

— Commandeur des croyants, dit-il en se prosternant, le cadi Noureddin demande audience à ta Hautesse.

— L'heure du Divan est passée.

— Il veut te parler du mariage de Bar-Cokba avec...

— Noureddin peut venir à mes pieds, interrompit Abdalrahman.

Un silence profond causé par l'étonnement accueillit l'humble cadi, qui s'avança sur ses genoux jusqu'aux pieds d'Abdalrahman.

— Noureddin, tu peux parler.

— Commandeur des croyants, dit le cadi, pardonne à ma témérité. Je crains de t'apporter ma tête en venant t'apprendre un événement que tu connaissais sans doute avant moi, car les yeux de ta Hautesse sont aussi vigilants que ceux du Prophète. Puisse Allah, pour le bien de tous, les tenir ouverts encore longtemps !

— Noureddin, tu peux parler.

— Écoute ! continua le cadi. Il y a quarante jours, tu me fis appeler pour assister au mariage de ton fidèle sujet Bar-Cokba avec une esclave de la nation maudite de tes aveugles ennemis. Le contrat fut signé dans ce superbe salon, si ma mémoire ne me trompe pas ; ton palais, d'ailleurs, n'est-il pas rempli de merveilles semblables? Puisse Allah augmenter encore tes richesses et ta gloire!

— Ta mémoire ne te trompe pas, Noureddin; la mienne aussi est fidèle. Pour la dernière fois, tu peux parler.

— Tout à l'heure, ton fidèle sujet Bar-Cokba est venu...

— Tu l'as vu? demandèrent en même temps le kalife, la favorite et le vieux poëte.

— Comme je vois ce magnifique tapis étendu sous tes pieds sublimes.

Abdalrahman et Al-Gazal se regardèrent. La favorite battit des mains.

— Par Allah! s'écria-t-elle, vive Bar-Cokba et son aventure! Depuis que je vis dans ton harem, ô Commandeur des croyants, voici le premier moment où je m'intéresse à quelque chose!

— Continue! dit le Calife au cadi.

— Bar-Cokba, te disais-je, ô lumière de l'Occident, est venu dans ma maison accompagné de son épouse. — Cadi, m'a-t-il dit, ma femme ne partage point mon amour, et je veux la chasser de mon lit. Voici sa dot. Interroge-la : elle consent à cette répudiation.

— Noureddin, tes paroles ne sont point celles de la vérité, dit sévèrement le kalife.

— Peux-tu penser, Abdalrahman, s'écria le vieux Al-Gazal, que cet honnête cadi risquât sa vie en venant t'abuser par un mensonge? Regarde-le : le son de ta voix l'a fait trembler depuis les pieds jusqu'à la tête.

— Achève! dit alors Abdalrahman.

— J'ai interrogé la jeune femme, poursuivit Noureddin d'une voix mal assurée; elle m'a répondu que ses désirs tendaient à la séparer de son mari. Je leur ai dit alors : la loi veut que l'épouse répudiée habite durant quatre mois dans la maison de l'époux, mais sans communiquer avec lui; donnez ce temps à la réconciliation. Mais Bar-Cokba s'est écrié : lorsque l'époux chasse indignement son épouse, la loi est juste; lorsqu'ils ont tous les deux la même volonté, ce serait une cruauté de les tenir liés plus longtemps! — Ayant réfléchi sur ces paroles : Femme, ai-je ensuite demandé, est-ce là ta dot? — Je n'ai point de dot, répondit-elle; c'est la générosité de mon mari qui m'a donné cette bourse d'or. — Je leur dis alors : vous êtes libres. Homme, tu n'as plus d'épouse; femme, tu n'es plus sous la puissance d'un mari. Retirez-vous, et allez en paix! — Ils sont sortis. J'ai eu aussitôt un grand remords d'avoir accordé si facilement ce qu'ils m'avaient demandé. Je suis accouru sans retard en faire l'aveu aux pieds de ta Hautesse, afin que si ma complaisance produit quelque mal, ta sagesse puisse le réparer. J'ai dit.

— Tu n'as pas agi en homme sensé, Noureddin; ta main doit-elle séparer ce que la mienne a uni? Nous jugerons cette affaire au Divan. Eloigne-toi.

Le cadi s'éloigna d'un air confus.

— Al-Gazal, demanda alors le kalife, que dis-tu de tout ceci?

— Allah m'en soit témoin! répondit le vieux favori; ma raison est confondue et ma patience m'abandonne. Un mauvais djinn a résolu de se jouer de nous. Ou bien Bar-Cokba a perdu l'esprit, ou bien nous n'avons plus nous-mêmes ni intelligence ni jugement.

— Fais chercher à l'instant même, et par toute la ville, le jeune insensé qui cause ici tant de trouble!

Al-Gazal souleva la portière de velours, afin de communiquer l'ordre du kalife aux gardiens de l'Arrizafa.

— Commandeur des croyants, dit-il aussitôt, cet ordre est

inutile, car j'aperçois Bar-Cokba lui-même au bout de la galerie. Il me voit : dans un instant il va tomber à tes pieds.

Abdalrahman prit une pose attentive, et Force-des-Cœurs se rapprocha. Fils-de-l'Étoile entra lentement; ses traits, couverts de pâleur, semblaient contractés par un violent chagrin réprimé; mais sa contenance était assurée.

Après avoir rendu l'hommage dû au kalife, le jeune poëte attendit gravement que Sa Hautesse s'abaissât à l'interroger.

— Où est Zetnab? ce fut la première question d'Abdalrahman.

— Commandeur des croyants, répondit Fils-de-l'Étoile, mon épouse a fui mon amour, ta captive a brisé sa chaîne. Zetnab, sous la garde de deux fidèles esclaves que je viens de lui donner, parcourt le chemin qui conduit aux montagnes des enfants d'Issa.

— Tu viens de lui donner deux esclaves, dis-tu? c'est avouer que tu es complice de sa fuite? Qui l'a fait sortir de ta maison? Qui lui a rendu la liberté?

— C'est moi.

— Tu as commis un crime qui n'aura point de pardon. Chasser indignement la femme que j'ai mise moi-même dans ton lit! Livrer à mes ennemis, et sans rançon, la plus précieuse de mes captives! et venir jusqu'en mon palais braver mon ressentiment!...

— Tu es le maître de ma vie, dit le jeune maure.

— Je suis un maître plus puissant encore. Je puis faire déchirer tes membres sous le fouet de mes eunuques; je puis faire jeter ta mère, ta propre mère, dans un cachot rempli de serpents; je puis raser la maison de ton père, et en livrer au vent les débris!

— Ta puissance ne s'étend pas si loin, sublime kalife, répondit amèrement Fils-de-l'Étoile. Arrache ma chair par lambeaux, renverse les murs où vit encore l'image de mon père, je te le permets; mais si tu prétends toucher à ma mère, je te le défends : ma mère est sous la garde d'Allah : ma mère est morte !

Al-Gazal fit entendre une exclamation de douleur; il serra dans ses bras tremblants son fils adoptif. Celui-ci, d'abord froid et calme dans cette étreinte affectueuse, finit par cacher des sanglots sur la poitrine du vieillard. La favorite pleurait de son côté.

— Bar-Cokba, dit Abdalrahman d'un ton plus doux, il y a peu de jours encore, j'admirais ta jeune gloire, je croyais à ta sagesse, et je respectais ton caractère; pourquoi ton inexplicable conduite a-t-elle changé en sentiments contraires mon respect, mon admiration et ma confiance? Te l'avouerai-je? je t'aimais. Je désirais te revoir souvent dans mon palais; je t'y réservais une place semblable à celle de ton ami, de ce vieillard. Te ferai-je un autre aveu! tes actions ont excité, non pas le ressentiment de l'homme, mais la justice du kalife. Parle, je te l'ordonne, et que tes paroles, je le désire, puissent emporter avec elles ton crime!

Fils-de-l'Étoile quitta les bras d'Al-Gazal pour aller s'agenouiller aux pieds d'Abdalrahman.

— Commandeur des croyants, dit-il, le désespoir m'avait rempli d'orgueil; ta générosité me rend à moi-même. Ferme les yeux sur mon audace; ouvre ton âme à mes paroles. Puisse mon récit toucher ton cœur, et faire tomber de tes yeux une larme, de ta bouche un mot de pardon! Ecoute!

Et Fils-de-l'Étoile raconta d'un ton plein de larmes toutes ses aventures avec Zetnab.

XVII.

Les deux poëtes sortaient de l'Arrizafa.

— Le kalife, dit Al-Gazal, sera toujours Abdalrahman, c'est-à-dire un prince emporté, mais juste : ta grâce a descendu de ses lèvres. Mon fils, reçois à présent l'hommage de mon admiration! Ce que tu as fait est bien; peut-être as-tu manqué de confiance? en t'admirant, je t'ai pardonné. L'expérience est le résultat des fautes, le fruit des années; c'est l'étincelle subite d'un feu qui couva longtemps. Achève une noble action, en oubliant tout à fait la femme que tu as si généreusement rendue à ton rival! Mais si tu préfères nourrir ton âme du souvenir de l'étrangère, tu sentiras bientôt que les génies, invisibles consolateurs, changent la voix secrète de nos infortunes en accents sublimes et immortels : l'âme d'un poëte est avide de larmes. Enfin, mon cher fils, souviens-toi de ce que je t'ai dit : — Lorsque ta mère ne vivra plus, tu retrouveras dans mon cœur la tendresse que tu trouvais dans le sien; si le malheur te poursuit, tu chercheras dans ma maison un refuge hospitalier. — Allah a voulu que ces mots fussent prophétiques : suis-moi!

Comme un enfant qui voudrait être consolé, ou plutôt comme l'infortuné que le malheur rend stupide, Fils-de-l'Étoile se laissa conduire sans répondre à la maison du vieillard.

Il y passa quelques mois dans une tristesse taciturne. Un courrier vint un jour le saluer de la part de don Diégo de Pénafiel et de dona Esperança de Santa-Pola : ces époux étaient réunis, heureux. Le messager remit au maure une épée et une bague. Le maure pressa l'épée sur son cœur, et baisa longtemps la bague en soupirant. Il advint alors que le kalife Abdalrahman chargea son vieux favori d'aller négocier une alliance avec le sultan de Stamboul [1]. Al-Gazal voulait emmener avec lui son fils adoptif; mais le jeune maure entendit parler de ce projet, d'abord avec étonnement, puis avec un sourire amer, enfin avec une répulsion douloureuse. Le vieillard se résolut à partir seul.

L'approche de ce départ semblait redoubler encore la tristesse incessante du jeune maure; un mal secret le dévorait. Après avoir conduit jusqu'au lieu de l'embarquement le dernier ami qui lui restât à Cordoue, après avoir vu disparaître à l'horizon le vaisseau du glorieux ambassadeur, l'orphelin revint à pas lents vers sa ville natale.

L'ombre du soir l'environnait déjà de toutes parts; le soleil se couchait dans un nuage de pourpre.

Faible, souffrant, désespéré, Fils-de-l'Étoile tomba sur le gazon, au pied d'un palmier. Son esprit roulait des pensers vagues et sans suite; son cœur avait des battements pénibles; ses membres allanguis cherchaient à s'étendre, et se glaçaient aux extrémités comme à l'approche de la mort.

Une ivresse subite ranima son être tout entier. Étonné, charmé, palpitant, il entr'ouvrit ses paupières, il respira avec émotion, il écouta avec délices. Il reconnut la Péri.

— Esprit méchant, murmura-t-il en retombant presque inanimé, que me veux-tu? Je n'ai plus personne à aimer; tu n'as plus personne à perdre. Tous ceux qui me furent chers sont partis.

— Disciple ingrat, répondit la voix mystérieuse, pourquoi faut-il que je t'aie toujours aimé? Homme ignorant, méconnaîtras-tu sans cesse ma puissance et ma bonté? Mais je pardonne à ta nature d'être moins intelligente et moins aimante que la mienne! Regarde!

1. Constantinople.

Fils-de-l'Étoile rouvrit involontairement les yeux; il vit dans les airs un spectacle rempli de magnificence. Au sein des nues, à une immense distance, s'élevait un superbe palais d'albâtre, dont les colonnes de topaze et d'émeraude formaient un péristile gigantesque. Un perron de cristal limpide déroulait ses innombrables degrés depuis le ciel jusque sur la terre.

Sur la dernière marche se tenait debout, immobile et souriant, la Péri mélodieuse. Son corps était à peine enveloppé d'une gaze transparente; de doux contours, de divins trésors, se dessinaient sous les reflets caressants d'une vive lumière. Son visage, d'une inexprimable beauté, paraissait un mélange de virginité, d'intelligence et de volupté; son sourire appelait le baiser des lèvres et celui de l'âme.

— Je t'aime! s'écria le jeune poëte avec émotion; qui donc es-tu?

— Bar-Cokba, je suis celle qui se balançait à tes côtés sur des ailes invisibles; je suis celle qui voyage sur les rayons de la lumière, qui se nourrit du parfum des fleurs, qui se désaltère de leur rosée; je suis celle qui laissa tomber sur ton sommeil et sur tes veilles, des extases, des inspirations et de l'harmonie.

— Qui donc es-tu? reprit le jeune maure avec ivresse.

— Je suis la messagère d'Allah, heureuse et fière. Chaque mortel est protégé par l'une de mes pareilles; mais plus d'une de mes pareilles pleurera éternellement sur l'indigne objet de ses longues amours; plus d'une de mes pareilles n'a point accueilli dans l'Éden l'ingrat amant qu'elle poursuivit sur la terre. Mais toi, mon bien-aimé, souris; car l'heure de ta mort, l'heure de notre union est proche!

— Qui donc es-tu? répéta-t-il avec ravissement?

— Je suis celle qui guérit les blessures de l'âme. Mes compagnes et moi, nous portons toutes le même nom dans les demeures éternelles. La plupart des hommes nous méconnaissent. Surpris par nos secrets enchantements, par nos vagues inspirations, par un lointain écho de nos voix, les rêveurs nous appellent *poésie*, et les sages *conscience :* mais nous sommes, chacune en particulier et tout ensemble, intelligence, amour, lumière, harmonie et sagesse?

— Qui donc es-tu? demanda pour la dernière fois Fils-de-l'Etoile.

La voix répondit, enivrante :

— L'épouse de ton éternité, ta Houri!

Fils-de-l'Étoile essaya de se soulever sur son bras. La Péri se pencha vers lui, le prit par la main, et l'entraîna sur les degrés du perron céleste. Ils montèrent. Une pluie de fleurs, une invisible mélodie, inondaient l'espace autour d'eux. Cédant enfin à ses transports, Fils-de-l'Étoile attacha ses lèvres ardentes aux lèvres divines de la Péri; et ce baiser les enleva tous deux jusqu'au ciel!

Le lendemain, ainsi qu'une grande reine en pleurs, Cordoue entière suivait le convoi funèbre de Bar-Cokba, fils de Mohammed-Moundir, trouvé mort au point du jour, dans la campagne, sur le gazon, au pied d'un palmier. A la tête du cortége s'avançait, à cheval et tout pensif, le kalife Abdalrahman.

FIN DE LA PÉRI.

NATAYDA.

CHRONIQUE GRENADINE.

NATAYDA,

Chronique grenadine.

Je ne suis plus Zaïde, je suis Marie.
GUILLEN DE CASTRO.

Si l'on en croit les chroniqueurs, le roi de Grenade Josef-Abou'l-Thedjadj fut aimé des maures et respecté des chrétiens; il s'efforça de vivre en bonne intelligence avec ses alliés; il diminua les impôts qui faisaient gémir les peuples de ses Etats; il introduisit à sa cour la magnificence et la politesse; il fut bon, sage, brave, savant, mais orgueilleux.

En ce temps-là, don Martin de Barbuda, Portugais de nation, et grand-maître des chevaliers d'Alcantarà, rompit la trève que les souverains de Grenade et de Castille avaient jurée. Un ermite, nommé Juan Sago, plein de visions ou d'un esprit de vengeance, avait eu l'adresse de persuader à don Martin que le ciel le destinait à balayer impunément, du vent de son épée, les ennemis du Christ qui restaient encore sur la terre d'Espagne. La raison de don Martin étant sans doute aussi petite que son âme était grande, il s'était laissé prendre aux paroles de Juan Sago.

Le roi Josef, alors paisible dans sa belle cité de Grenade, tantôt rendant la justice à la porte de son palais, tantôt devisant familièrement d'Allah avec les émyrs, du ciel avec les astrologues, des esprits avec les magiciens, et d'autre chose avec les houris de son harem, ne songeait guère à don Martin de Barbuda, lorsqu'un héraut, messager de ce dernier, vint le défier, lui, roi de Grenade, à un combat de vingt, de trente, ou de cent chrétiens, contre quarante, soixante ou deux cents maures, ajoutant que la victoire déciderait enfin laquelle des deux croyances devait s'anéantir devant l'autre. Ce message insolent fit monter le sang au front du roi Josef; mais les vizirs et les alcaydes qui l'entouraient, s'étant mis à rire aux éclats, cette gaieté calma son ressentiment. Le sultan de grenade comprit qu'il était au-dessus de l'injure que lui faisait le grand-maître d'Alcantara, et fit chasser le héraut.

Don Martin ne se tint pas pour battu. La voix du saint ermite Juan Sago, assurant l'invulnérabilité à tous ceux qui combattraient avec la croix verte d'Alcantara, rassembla sous la bannière du grand-maître environ deux cents gentilshommes de haut lignage, et quelque mille vassaux qui n'avaient pas grand'chose à faire ni à risquer. Tous ensemble, ils se mirent en marche, tambourins roulant, clairons sonnant, enseignes déployées, allant d'un pas délibéré conquérir Grenade.

Le roi de Castille, don Henriquez, fit partir en toute hâte un courrier ayant ordre d'arrêter don Martin sur la frontière; mais don Martin se croyait prédestiné à une grande gloire; et, sans prendre souci du courroux de son souverain, il répondit qu'il obéissait à Dieu, et continua son chemin. Le peuple en foule se signait sur son passage.

A la première forteresse qu'il tenta d'enlever d'assaut, don

Martin perdit trois hommes, et reçut lui-même une blessure. Dans sa surprise, il se tourna vers Juan Sago. L'ermite, qui comprit aussitôt ce que ce regard voulait dire, prétendit n'avoir prédit l'invulnérabilité des troupes du grand-maître que dans une bataille rangée. Rassuré par ces paroles, don Martin pansa sa blessure, enterra ses morts, baisa son rosaire, et sans tarder alla en avant.

Le roi Josef, afin d'effrayer ce chevalier audacieux, fit avancer à sa rencontre une belle et bonne armée de dix mille guerriers. Don Martin n'hésita pas d'engager le combat. Il fit des prodiges de valeur, après lesquels il fut enveloppé et massacré. Des deux cents gentilshommes de haut lignage qui l'avaient accompagné, un seul resta vivant et devint captif. Le reste des chrétiens prit la fuite avec l'ermite.

Le roi de Castille désavoua hautement toute participation à la folle entreprise de don Martin, et fit maintenir la trêve; toutefois il demanda le corps du valeureux chevalier. Le roi Joseph le livra bien volontiers, et les Castillans y rendirent des honneurs funèbres. Juan Sago, apparemment satisfait ou désillusionné, put graver sur le tombeau du brave insensé qu'il avait perdu : Ci-gît don Martin qui ne craignit aucun danger! *Hic situs est Martinus-Yvianus, in omni periculo experti timoris animo* [1].

Le seul gentilhomme chrétien qui tomba dans les fers des grenadins, était un gentilhomme français dont la jeunesse et la valeur avaient gagné le cœur de Josef. Le roi de Grenade recommanda de l'épargner. Ce gentilhomme descendait d'une illustre maison de la Provence et se nommait Bérenger. Cherchant à oublier dans les combats une sorte de déshonneur dont s'était couverte une personne de sa famille, il

1. Tout ce récit, y compris l'épitaphe, est historique.

était venu prêter son bras aux rois de Castille et d'Aragon; au rebours des superstitieux compagnons de don Martin, il avait pensé que la meilleure chance de se faire tuer était celle que le grand-maître d'Alcantara lui offrait, en l'entraînant à la conquête de Grenade. La mort, souvent capricieuse comme une femme, épargna le seul guerrier qui la bravait.

Le roi Josef, ayant quitté son armée, emmena avec lui le chevalier Bérenger, afin de lui faire admirer les splendeurs de son royaume et de sa cour. En parcourant les beaux sites des campagnes qui avoisinent Grenade, le chevalier chrétien s'inclinait avec respect devant le roi maure, et l'orgueil de ce dernier était satisfait.

Le territoire de Grenade forme une grande plaine un peu inclinée, au nord de laquelle s'élèvent les montagnes d'Elvire et de la Sierra-Nevada; le reste de cet horizon est un imposant amphithéâtre de collines. Un printemps éternel repose sur cette terre bénie: les hivers s'arrêtent sur les crêtes neigeuses des montagnes, et les brises de la mer chassent l'air ardent des étés. Cinq petits fleuves, alimentés par mille ruisseaux, serpentent comme des rubans d'argent sur des champs couverts de vignes, de mûriers, d'oliviers, d'amandiers, d'orangers, et d'une multitude de villes.

A côté des antiques ruines d'Éliběris, non loin des sources du Xenil, au pied de la Sierra-Nevada dont les couleurs mystérieuses se marient à celles du ciel, Grenade s'élève sur un groupe de collines, l'Alhambra, l'Albaycin, le Généralife, les Torres-Hermeja : les deux premières descendent doucement à l'occident de la plaine. Un rempart, appuyé de mille trente tours, renfermait jadis la cité; vingt portes y donnaient entrée.

L'Alhambra domine la ville et la plaine [1]; on y monte par

1. *L'Alhambra*. Cette position l'a fait comparer à l'Acropolis.

une promenade charmante où des ruisseaux murmurent sous des bosquets d'orangers. Au sein de murs épais, bâtis suivant les irrégularités du terrain, on aperçoit quelque chose comme une ville de palais, de forteresses et de mosquées, merveilleuse résidence des rois de Grenade. La porte principale [1], en forme de fer-à-cheval, comme toutes celles des monuments mauresques, est pratiquée au centre d'une lourde masse de maçonnerie. Au-dessus du cintre de cette porte, l'architecte avait sculpté une clé et une main [2], emblêmes de l'islamisme, symbole mystérieux que les Maures ont toujours regardé avec une grande vénération.

Ce fut par cette entrée que le roi Josef et le chevalier Bérenger pénétrèrent dans l'Alhambra; ils se trouvèrent aussitôt au bord d'un bois vaste, formé d'arbres de tous les pays. Des cascades jaillissaient entre des roches moussues. Un orme, déjà séculaire, s'élevait dans une clairière, et couvrait souvent de son ombrage, ainsi que le roi l'apprit au chevalier, les imans expliquant la loi du Koran aux peuples.

Se dirigeant vers le nord, Josef et Bérenger arrivèrent en

1. Voici à peu près l'inscription que l'on trouvait sur cette porte : « Cette porte, appelée le Tribunal, — puisse Allah la destiner à représenter et à perpétuer la gloire des maures jusqu'à la fin des nations ! — a été bâtie par le sublime *sultan* des maures Josef-Abou'l-Thedjadj, fils du juste et brave Abi-Gualid, fils de Nasser : Allah donne une heureuse fin à ses travaux pour le bonheur de la nation musulmane, et le conserve pour la défense de tous ! Cette porte a été achevée au mois de *maulen-almnadam* (avril), en l'an sept-cent-quarante-neuf (1338) : puisse Allah la laisser debout sur ses fondations, afin de rendre immortelle dans la mémoire des hommes l'époque de son achèvement ! »

2. *La main.* — La main se compose de *quatre* doigts et du pouce; chaque doigt est formé de *trois* articulations, hormis le pouce qui n'en a que deux : tous réunis, ils se combinent dans l'*unité* de la main. Or, la loi du Koran contient *cinq* dogmes fondamentaux ; chacun de ces dogmes a *trois* modifications, hormis le premier qui n'en a que *deux :* toute la doctrine se résume enfin dans l'*unité d'Allah*, comme le prouve l'exclamation favorite des fidèles : *La Allah illah Allah !* Il n'y a point d'autre dieu que Dieu ! — Il s'ensuit que la religion du Prophète et ses préceptes peut être comparée à la main et à ses modifications. — Les mauresques suspendaient au cou de leurs enfants une petite main d'ivoire ou d'ébène afin de les préserver des maléfices. Quelques chrétiennes d'Espagne ont adopté cet usage, et l'ont transmis à leurs descendants.

peu de temps dans une cour carrée [1] pavée en marbre, renfermant un bassin d'eau vive dont les bords étaient ornés d'arbustes et de fleurs; à chacune des deux extrémités de ce bassin, des colonnes formaient une élégante galerie. Ce lieu servait de bain commun aux esclaves et aux eunuques de l'Alhambra.

A côté du Mesucar, que les Espagnols ont appelé *los Arraz Janes*, s'élevait la tour de Comarès. Quoique cet édifice se fût affaissé de quelques pieds dans la première année de sa construction, c'était encore le plus imposant de tous ceux du royaume de Grenade. La base plongeait dans le Darro dont les flots roulent des parcelles d'or; on y entrait par une porte d'un goût exquis, encadrée par un festonnage en stuc d'une grande délicatesse. A droite et à gauche, on avait creusé dans la muraille une petite niche, dans laquelle les maures qui visitaient le séjour sacré de leurs sultans, avaient coutume de déposer leurs babouches.

Les cintres, les arcades, les colonnes, les murs mêmes, étaient chargés d'inscriptions en caractères arabiques ou cufiques, exprimant de sages maximes ou des invocations religieuses. A la demande du captif chrétien, le roi maure en traduisait quelques-unes, et en racontait l'origine et la destination.

Passant à côté des appartements du harem [2], Josef et Bérenger traversèrent la Cour-des-Lions. L'architecture de ce lieu célèbre ne ressemble en rien à celle des autres peuples du monde. La nature, modèle éternel de l'art, en inspira toutes les grandes lignes et tous les ornements particuliers. Les chapiteaux des colonnes représentant des bouquets de feuillages divers. L'ogive, imitation élégante des arcades naturelles que forment les rameaux entrelacés d'une forêt de cèdres, ou sou-

1. *Mesucar*, en espagnol.

2. *Harem*, appelé depuis *La toilette de la Reine*.

venir du sommet des tentes qui furent les premières habitations des Arabes, règne harmonieusement de tous les côtés.

Sur un pavé de marbre blanc, l'architecte avait creusé deux bassins dont les eaux montaient et retombaient en cascade dans une coupe d'albâtre de six pieds de diamètre, d'une seule pièce, assise dans un cercle de douze lions. La vaste coupe offrait une inscription de trente-quatre vers arabes, dont les principaux disaient : — Admire ces lions auxquels il ne manque que le souffle pour exercer leur furie [1]. — Comme une captive de l'amour dont le visage est baisé par les voiles imposés par un amant, cette eau semble jalouse de la pierre qui la récèle ; et cette pierre, à son tour, semble envier la limpidité de l'eau qu'elle contient. —

Au-dessus des arcades de la cour, on lit encore les mélancoliques réflexions qui suivent : — Ne vois-tu pas que, malgré la précipitation avec laquelle l'eau s'écoule, d'autres courants l'atteignent? — Et peut-être la réalité n'a-t-elle pas plus de consistance que la vapeur légère qui s'échappe de cette cascade et qui s'étend sur ces lions ! —

Le roi de Grenade et le chevalier provençal parcoururent d'autres cours, d'autres jardins, d'autres portiques ; ils traversèrent un salon où l'on admire un plafond qui imite la voûte d'une grotte de stalactites, et qui ravit par la finesse de ses dentelures, et par la variété de ses couleurs. — Quand celui qui me voit réfléchit sur ma beauté, disait un poëte maure, en animant ce délicieux palais, son imagination se trouve accablée par l'aspect de la réalité ! —

Telle était l'impression que semblait ressentir le chevalier Bérenger, à la grande satisfaction du roi Josef. Cependant une multitude d'officiers, de soldats, d'eunuques et d'esclaves, vê-

1. Cet éloge n'est pas mérité.

tus d'aljubes et de marlottes de soie, coiffés de turbans de cachemire, gardaient en silence les appartements de l'Alhambra; baissant leurs cimeterres affilés, et se prosternant sur le sol, ils rendaient au roi de Grenade l'hommage usité dans tout l'Orient.

Depuis ce jour, le chevalier captif devint l'hôte du roi maure, et passa quelques mois au sein des plaisirs et des fêtes. Parfois la cour de Josef, assise sur de magnifiques tapis, au bord d'un bassin d'albâtre rempli d'eau vive, sous l'ombrage odorant des orangers, écoutait les accords harmonieux de quelques musiciens placés dans des tribunes exhaussées; parfois aussi les mêmes personnes contemplaient les *zambras* [1] de quelques jeunes africaines dont les pas, les mouvements, les attitudes, les regards et les sourires, se mariaient avec art aux sons d'une harpe, et exprimaient toute l'histoire de l'amour, depuis les incertitudes de la pudeur jusqu'aux hardiesses de la volupté.

La veille du jour de Milah-Jahiah, ou de Saint-Jean, comme disent les chrétiens, le roi Josef fit proclamer, pour le lendemain, une course de bagues, un djérid et un combat de taureaux. Les guerriers maures de toutes les tribus du royaume préparèrent leurs armures, choisirent leurs coursiers, et prodiguèrent leurs trésors afin de se distinguer par la richesse et l'élégance de leurs costumes.

Aussi, dès que l'aurore inonda de ses rayons dorés le faîte des Tours-Vermeilles, une foule immense de citadins, de juifs, de chrétiens et d'étrangers, se rangèrent sur les gradins de la place Bivarrembla [2]. Les terrasses des maisons environnantes se couvrirent en même temps d'un grand nombre de belles

1. *Zambra*, danse africaine, mauresque et espagnole.

2. *Bivarrembla*, place célèbre, théâtre de toutes les fêtes chevaleresques qui avaient lieu à Grenade.

personnes qui, pour la plupart, considérant ces jours de fêtes comme des jours de liberté, avaient osé se montrer sans voiles.

Au centre de la Bivarrembla s'élevait un palmier à tige de bronze, à feuillage d'or et à fleurs de pierres précieuses. Une colombe d'argent se balançait sur une des longues feuilles de l'arbre, et soutenait à son bec une petite bague, objet d'espérance et d'envie. Au moment où cet anneau se détachait, tombait, ou était enlevé, un autre le remplaçait aussitôt de lui-même, obéissant à des ressorts industrieux.

Au pied de ce palmier artificiel, une enceinte avait été réservée aux juges des jeux, et aux joueurs d'anafins et de tambourins. Des estrades, des balcons, des dais magnifiques, destinés aux personnes de la tribu royale, occupaient une des faces de la place; les trois autres faces n'offraient aux yeux éblouis que des étoffes d'un grand prix, que des tapis éclatants, chargés de guirlandes de fleurs.

Le roi, la cour, les juges, le peuple entier, avaient pris leurs places; une fanfare guerrière, exécutée par cinquante musiciens, fit taire les murmures impatients de la multitude. On vit aussitôt s'avancer les quadrilles qui devaient concourir à remporter le prix de l'adresse, c'est-à-dire, une superbe aigrette de diamants et la renommée.

Le premier groupe de guerriers était composé de vingt Alabez, vêtus de tuniques amarantes brodées d'argent, coiffés d'un turban blanc orné d'une aigrette bleue, et montés sur d'agiles chevaux isabelles, dont les harnais étincelaient de saphirs. Les Alabez portaient sur leurs boucliers l'empreinte d'une tête sanglante, avec cette devise : Justice pour tous!

Le deuxième quadrille était formé par un même nombre d'Almorahis. Ces guerriers montaient des chevaux noirs, couverts de housses de cachemire ruisselant de perles; leurs tuniques blanches étaient enrichies de feuillages d'or; l'aigrette de leur turban était jaune. Leurs boucliers représentaient un soleil levant retenu sur l'horizon par une chaîne et une main, avec cette devise : Je l'ai fixé!

Deux autres quadrilles succédèrent aux précédents : ce furent ceux des Aldorins et des Vanégas.

Outre les marques distinctives de sa tribu, chaque guerrier portait aussi une devise particulière, une écharpe, un nœud de rubans, quelque objet enfin dont la signification était un mystère pour tous, hormis peut-être pour quelque jeune et jolie mauresque; c'est alors que les couleurs avaient leur langage, et que le noir parlait de tristesse, le vert d'espérance, et le rouge de passion.

Les quatre quadrilles, chacun à son tour, allèrent s'incliner devant l'estrade où le roi Josef était assis, entouré de sa famille, de ses amis, et de ses principaux officiers. Il se fit alors un grand silence, pendant lequel les quatre-vingts guerriers se rangèrent autour de la Bivarrembla. Chaque quadrille choisit cinq des siens pour courir la bague, et les joueurs d'anafins firent entendre le signal de la joûte.

Un jeune Alabez, nommé Mahmoud-Abad, s'élança le premier, et enleva l'anneau au fer de sa lance. Un Almorahi, parti sur les traces de l'Alabez, triompha comme lui. Deux Vanégas passèrent avec la rapidité d'une flèche, mais sans réussir à atteindre au but. Un Aldorin toucha la colombe, fit sauter la bague, la reçut lorsqu'elle était encore en l'air, et sourit aux applaudissements multipliés que lui décernait le peuple. Les guerriers se succédèrent ensuite, dans cette course élégante, avec plus ou moins de bonheur. Enfin les juges songèrent à donner le prix. Mahmoud-Abad présenta douze bagues, tandis que le plus heureux de ses rivaux n'en avait conquis que dix.

Un ordre donné par le roi Josef fit alors changer le genre de la lutte. La multitude parut redoubler d'attention, car l'antique et cher djérid allait commencer. Les cavaliers déposent leurs lances, et saisissent de légères branches de palmier. Ils se forment en ordre de bataille. Ils courent les uns sus aux autres, ils se mêlent. Ils jettent en l'air leurs javelots, les reçoivent avec adresse, ou les ramassent au vol rapide de leurs coursiers. Ils fuient, ils se dispersent; ils se rallient, ils se confondent : mille ruses élargissent leurs évolutions, et mille ruses les resserrent. Ils trompent les regards étonnés des spectateurs. Ils se pressent enfin, ils se regardent, ils se menacent, ils s'attaquent; ils brisent en éclats leurs armes fragiles au choc retentissant de leurs boucliers. Bérenger, ravi de cette joûte encore inconnue aux guerriers de la chrétienté, l'avait prise pour un combat véritable.

Une fanfare triomphale éclate dans les airs, pendant que les quadrilles se retirent, et que des ouvriers achèvent d'élever des palissades préparées d'avance. L'arène des jeux courtois se transforme en peu d'instants en un cirque où le sang va se répandre.

Un fougueux taureau des montagnes de la Ronda, est amené sur la place. A cet aspect, Bérenger, animé déjà par la vue du djérid, se tourna vivement vers le roi Josef.

— Seigneur roi, lui dit-il avec feu, je viens d'apprendre qu'un sarrasin peut égaler un chrétien en agilité et en adresse; laisse-moi te prouver, en revanche, qu'un chrétien ne craint pas plus le danger qu'un sarrazin. J'aperçois sur cette place un ennemi digne de mon bras. Fais-moi donner des armes et un cheval, et daigne permettre que l'on m'ouvre les palissades.

— Un hôte est sacré, répondit le roi de Grenade; je ne puis souffrir que le mien expose sa vie inutilement sous mes yeux. Allah ne peut-il pas te refuser la victoire?

— Dieu, que je vais prier, me la donnera! répondit le jeune chrétien. Songes-y bien, seigneur! est-ce, en effet, honorer ton hôte, que de lui refuser le partage de la gloire que tu destines à tes guerriers?

— Tu le veux, je t'obéis. Que le souverain des sept mondes te couvre de son invisible bouclier! — Sebahan, ajouta Josef en s'adressant à un esclave, fais tout ce que te dira cet afrangi [1]. Telle est ma volonté, qui est celle d'Allah.

Au même instant, un cavalier maure entrait dans le cirque; il s'inclina devant l'estrade royale, et s'avança vers le taureau. Le redoutable animal promenait de sombres regards sur la foule : c'était l'immobilité de la mer avant la tempête. Tout à coup il frémit de rage en voyant étinceler les armes du cavalier. D'un bond immense, il s'élance à la rencontre de son adversaire qui brandit une lance acérée et menaçante. Le taureau, baissant la tête, esquive le coup; il se redresse vigoureusement, et jette à quelques pas devant lui le cheval éventré et le cavalier couvert de poussière. Le peuple se mit à pousser de grands cris de joie.

Alors un autre guerrier se présenta dans le cirque; mais, après avoir blessé le taureau d'un coup de lance, il eut le même sort que le premier. Un troisième fut assez heureux pour exécuter une prudente retraite. Enfin un quatrième, rien qu'en entrant sur l'arène, attira l'attention générale par son costume, par sa bonne mine et par son grand air de résolution : ce guerrier était le chevalier Bérenger.

Pendant son séjour en Castille, le jeune étranger avait souvent assisté à ces jeux terribles que les Goths apprirent des Romains, et qu'ils enseignèrent aux maures; il avait pu étudier, au moins des yeux, l'art d'attaquer, de combattre et de vaincre le dangereux adversaire qui l'attendait. Monté sur un bon coursier d'Andalousie, couvert d'une cuirasse et d'une

1. *Afrangi*, Franc, étranger.

cotte de mailles, armé d'une longue et pesante épée, il s'avança lentement jusqu'à l'estrade royale; là, il fit agenouiller son cheval avec tant de grâce, que plusieurs dames se penchèrent de leurs balcons pour l'encourager de la main.

Satisfait de ce premier succès, le captif fit pirouetter son cheval, et se dirigea vers le taureau. L'animal irrité marchait orgueilleusement le long des palissades, sillonnant la terre d'un long jet de sang.

Bérenger mit pied à terre; il entoura précipitamment son bras gauche d'un manteau qu'il avait apporté sur sa selle; et, saisissant de la main droite un coutelas long et brillant, il attendit son ennemi.

Le taureau accourt, et se baisse pour frapper de ses cornes l'immobile guerrier qui le défiait. Bérenger observait d'un œil vigilant; il choisit l'instant favorable, et jette son manteau sur les yeux du taureau, qu'il frappe en même temps d'un coup d'épée. Aveuglé, blessé, furieux, le taureau bondit, mugit et recule. Bérenger le saisit par les cornes, le maîtrise, resserre le voile qui l'irrite, et passe un bras vigoureux autour de son cou épais; le pressant enfin sur sa poitrine, il l'étouffe contre sa cuirasse, et le repousse comme un faible agneau. Le taureau tombe et expire.

Bérenger pose un pied sur la tête de l'animal vaincu, et regarde autour de soi. Mille acclamations partent en même temps de tous les points de la Bivarrembla. Le chevalier abandonne sa victime, reprend son coursier, saute en selle, sourit, s'incline et disparaît. Quelques moments après il recevait les éloges du roi Josef, des vizirs, des émirs, des dames de la cour.

Tels furent les incidents les plus remarquables de la belle fête de Milah-Jahiah. Peu à peu, la splendeur qui l'environnait fatigua les yeux et l'âme du captif. Le ciel unique de Grenade, le mouvement de la ville, les merveilles de l'Alhambra, tous les plaisirs de la cour du roi Josef, ne purent effacer de la mémoire de l'étranger le ciel, les champs et les amitiés de son pays. Car, que dit le sage? La patrie est pour l'exilé comme le paradis pour l'anachorète, comme une sœur pour un orphelin, comme l'amour pour une jeune vierge.

Appuyé sur la balustrade du Lindanaxarra, le plus agréable des jardins de l'Alhambra, Bérenger rêvait un jour de la Provence ; il méditait par moments d'aller se jeter aux pieds de Josef, et de lui demander la liberté de quitter Grenade. Il fut tiré de ses réflexions par un murmure harmonieux qui, sortant d'un large bosquet de lauriers-roses, montait plus doux encore que le parfum des arbustes. Un air naïf et mélancolique, mais un peu âpre comme tous ceux des romances mauresques, s'exhalait des cordes d'un luth touché par une main habile; ce prélude expressif se changea bientôt en un écho mourant et inéffable que domina, pure et sonore, une voix de femme. On chanta, en une sorte de castillan mêlé d'arabe, des paroles qui avaient beaucoup de rapport avec les suivantes :

Sur ton destrier chevauchant,
Beau cavalier, qui vas cherchant
Gloire et fortune,
Il fera si beau jour demain!
Pourquoi poursuivre ton chemin
Au clair de lune?

Un djinn [1] éveillé par la nuit,
Beau cavalier, te suit sans bruit
Au clair de lune;
Vers un gouffre il conduit tes pas;
Il rit, car tu n'obtiendras pas
Gloire et fortune.

Une péri te fait rêver,
Beau cavalier, qui veux trouver
Gloire et fortune;

1. *Djinn*, génie.

Brûlant d'un amour criminel,
Elle t'adresse un doux appel
Au clair de lune.

Un bulbul a-t-il, de sa voix,
Beau cavalier, ravi les bois,
Au clair de lune?
Tu peux sans crainte voyager;
Un si doux chant doit présager
Gloire et fortune.

D'un temple saint vois-tu les tours?
Beau cavalier, cherche toujours
Gloire et fortune.
Rencontres-tu bon pèlerin?
Vite en croupe, et partez grand train
Au clair de lune!

Mais si ton cœur est brave et pur,
Beau cavalier, sois-en bien sûr,
Au clair de lune,
Sur ton destrier chevauchant
Tu n'iras pas en vain cherchant
Gloire et fortune!

Rempli de trouble, palpitant d'un vague plaisir, invinciblement attiré, Bérenger enjamba la balustrade sur laquelle il s'appuyait; de là, se soutenant aux irrégularités de la muraille, aux tiges de quelques arbustes, il descendit, sans bruit, jusqu'à terre.

Après avoir fait plusieurs pas dans le jardin, il écarta doucement les rameaux d'un épais laurier, et finit par apercevoir, sur un lit de soie et de fleurs, sous une alcôve formée à la fois par un feuillage de marbre et par celui de la nature, une jeune et belle sultane dont il serait bien difficile, même au peintre le plus exercé, de retracer le charmant portrait.

Un noble visage, aux contours si délicatement arrondis, que le jour, en le carressant, semblait l'envelopper d'une ligne ovale de lumière; des cheveux plus noirs que l'ébène, naturellement séparés sur un front poli comme l'ivoire, et pur comme le premier rayon du jour; des yeux fendus en amande, humides et étincelants, exprimant tour à tour la tendresse, la passion, l'intelligence et la fierté; une bouche, chef-d'œuvre de grâce, dont les moindres mouvements avaient un langage délicieux; des mains royales; des pieds petits et cambrés; une jambe qui, découverte à demi, laissait deviner son exquise perfection tout entière: tels étaient les charmes principaux que le chevalier captif contempla pendant quelques instants avec un inexprimable ravissement.

Il ne revint à lui-même que lorsqu'il vit la belle sultane se lever de dessus le lit, y déposer un luth orné d'une couronne de fleurs, puis s'éloigner; il éprouva comme une angoisse inconnue; il devint pensif, inquiet, rêveur; mais à partir de ce moment, il ne songea plus à quitter Grenade.

Le lendemain, il descendit une seconde fois dans le Lindanaxarra; et, toujours caché par une touffe de lauriers, il put admirer de nouveau la beauté de la mauresque.

Si l'aspect d'une bouche éloquente et d'une taille parfaite, portait les sens à des mouvements terrestres, celui de la noblesse d'un visage céleste, et de la pureté d'un regard si fier, mais en même temps si doux, inspirait à l'âme un sentiment plus diaphane que la lumière, plus calme qu'une goutte de rosée au sein d'une fleur, dans un soir sans brise.

Au moment où Bérenger vit que la belle sultane était tout près de s'éloigner, il agita le feuillage et se découvrit. La mauresque baissa précipitamment son double voile de gaze rose à fleurs d'argent. Le chevalier s'approcha d'elle, se mit à genoux, et voulut s'emparer d'une main qu'on ne lui laissa prendre qu'au bout d'un instant.

— Téméraire! s'écria-t-elle.

Si le chevalier chrétien eût pu vaincre son émotion, et se

souvenir du langage qu'il avait souvent entendu de la bouche des poètes de l'Alhambra, il eût dit sans doute aussitôt :

— O toi, qui surpasses en attraits toutes les créatures de la terre, et peut être tous les habitants du ciel! toi, dont le visage est plus doux à mes yeux que l'aurore à celui d'un voyageur! toi, dont les regards brillent comme deux étoiles du matin, et blessent comme deux flèches meurtrières! toi, qui par la douceur de tes accents, as éveillé la voix de mon âme! charmante femme, ne me fuis pas! ta présence est un Éden; ton absence, je le sens, serait un feu qui dévore! Dis-moi plutôt comment on te nomme? Es-tu l'ange de l'harmonie? es-tu la reine des houris, descendue une heure sur la terre? es-tu la fée de ce palais, ou celle de ces ondes, ou celle de ces fleurs? Ah! si tu ne crains pas que la majesté de ton langage épouvante un pauvre mortel, je t'en supplie à tes genoux, réponds-moi!

Mais le chevalier Bérenger gardait le silence, et ne faisait que serrer les jolis doigts de la jeune sultane; pourtant cette étreinte était intelligible, plus intelligible même que les plus beaux vers de tous les poètes de l'Alhambra. La mauresque répondit : — Je suis Natayda, fille d'Abdlla, fille de Josef, roi de Grenade. Chrétien, ce jardin appartient à la sultane ma mère; retire-toi!

Ayant dit ces mots, Natayda, fille d'Abdlla, fille de Josef, dégagea sa main, et disparut derrière un bosquet de lauriers-roses.

Bérenger resta longtemps agenouillé à la même place; son imagination voyait toujours, au coin d'un bosquet d'arbustes, les plis azurés des vêtements de la belle princesse; et son cœur battait avec violence. Il se releva enfin, regagna son appartement : mais quel changement dans les murs de l'Alhambra! Que ces portiques, que ces salons, que ces jardins se sont embellis! D'où vient tout-à-coup ce ciel si beau, cet air si pur, ce monde si rempli de charmes! Mais surtout, ah! surtout, où dormaient donc cette foule de doux rêves, cortége aimable de l'amour, essaim d'abeilles éveillées par un rayon de soleil?

Quelques jours se passèrent, durant lesquels le captif, bien qu'il fût toujours sur ses gardes, n'entendit plus les chants de la fille du roi Josef; et il sentait que son âme se remplissait d'une rêveuse inquiétude.

Cependant il se rappela que les maures, au sein desquels il vivait, avaient inventé le langage des fleurs, et s'en servaient encore dans leurs amours. Il courut au Lindanaxarra, et fit un bouquet qu'il déposa sur le lit de soie où Natayda s'était assise. Il avait rassemblé dans un même nœud, un lys blanc, une tulipe rouge, une pensée et un souci, pour exprimer en même temps, la pureté de son hommage, l'ardeur de son amour, sa fidélité et sa peine; il n'oublia pas d'y joindre une rose bien épanouie et bien fraîche, qui voulait dire : — j'adresse ceci à la beauté!

Dès le soir du même jour, il entendit dans son cœur un long murmure de joie; il venait de reconnaître le bruit harmonieux du luth de Natayda. Il descendit au jardin en toute hâte.

L'ombre ne couvrait pas encore tous les objets. Le chevalier, s'avançant à pas lents, vit la fille du roi Josef si complètement pensive, que malgré lui, il se sentait près de sourire; une tendre pensée, une instinctive espérance, un pressentiment délicieux, venaient de glisser sur son âme, comme le souffle d'une brise légère sur la surface d'une onde captive.

Le bruit de ses pas le trahit enfin; Natayda tressaillit, rougit et se couvrit de son voile.

— Audacieux chrétien, s'écria-t-elle, tu mets ma patience à trop d'épreuves! Des esclaves armés veillent sous les portiques de ce jardin; et un seul cri de ma bouche peut te jeter à l'instant mort à mes pieds. En vain es-tu l'hôte et l'ami du roi mon père! Si ces titres te sauvaient la vie, empêcheraient-ils qu'on te ravît la liberté? Un seul mouvement de ma main peut pour jamais te couvrir de chaînes. Éloigne-toi!

— Je reste, répondit le chevalier en mettant un genou en terre; que la volonté de Dieu s'accomplisse! La mort et moi, nous nous sommes bravés souvent, et jamais je ne lui disputai la victoire. La mort à vos pieds me sera plus douce que la vie en votre absence.

— Tu ne crains donc pas l'esclavage?

— Je n'ai jamais connu la liberté. La gloire m'enchaînait naguère à sa bannière; le crime d'autrui m'a chassé de ma patrie, et m'a rendu l'esclave de l'étranger; aujourd'hui l'amour est mon maître, et il me prosterne devant vous.

— Mais enfin, que peux-tu donc espérer?

— Souffrir en pensant à vous et mourir en vous aimant! voilà toute ma destinée, et je l'accepte avec ivresse. Repoussez-moi, je reviendrai; méprisez-moi, je respecterai vos dédains; appelez la mort sur ma tête, je la recevrai de vous sans me plaindre! Oui, quelle que soit votre rigueur, je veux la surpasser par ma constance. Que vous importe à vous, la plus belle des femmes, qu'un pauvre captif se dévoue à vous adorer?

Natayda ne repondit pas; mais elle avait entr'ouvert son voile, et fixait ses grands yeux noirs sur la terre. Bientôt elle cueillit une rose, la regarda avec rêverie, en essuya la rosée avec ses lèvres, et de ses doigts distraits en arracha les épines; puis, rougissant et souriant tout ensemble, elle jeta la fleur au chevalier, et s'enfuit comme une tourterelle qui, à l'approche du chasseur, a follement trahi sa retraite.

Depuis ce jour, Bérenger et Natayda se retrouvèrent souvent sous les ombrages solitaires du Lindanaxarra. Dans les premiers charmes de leurs entrevues, ils en oubliaient les dangers;

ils se cherchaient avec empressement, ils se séparaient avec effort; ils semblaient n'avoir pour tous les deux qu'une seule âme; ils se comprenaient d'un geste, d'un regard, d'un sourire; dans leur silence même, ils se parlaient.

Que de doux hommages ils se faisaient l'un à l'autre! Souvent, c'était une inscription dont le chevalier captif demandait la traduction à la belle sultane : heureux lorsque cette inscription renfermait un éloge qui, tel que celui-ci, pût s'adresser à la jeune mauresque!

— Je suis un Éden d'amour, un assemblage de grâces et de plaisirs; il n'y a rien au monde qui me soit comparable pour la beauté : un coup d'œil rapide fait deviner tous les délices que je produits. Le signe des Gémeaux est moins symétrique que mes ornements. La lune, pour m'embellir encore, laisse tomber sur moi sa blonde lumière. L'étoile du matin s'étonne de mes charmes, et suspend son cours pour les contempler plus longtemps [1].

Souvent encore, en se promenant à pas lents, ils se racontaient à demi-voix quelques-uns de leurs secrets tourments et beaucoup de leurs fugitives espérances; les mots d'union éternelle se glissaient alors dans leurs discours. Natayda, les yeux baissés, l'oreille attentive, sentait passer sur sa joue et pénétrer jusqu'à son cœur le souffle ardent des paroles de Bérenger.

Ils s'entretenaient aussi de la différence de leurs religions. La foi du chevalier chrétien était inébranlable et profonde ; il n'en était pas tout à fait ainsi de celle de la princesse mauresque. Natayda respectait encore toutes les croyances de sa nation; mais elle avait reçu une impression ineffaçable, vive, intime, secrète, et contraire à l'influence des doctrines du Prophète Mohammed.

1. Cette inscription, à quelque chose près, était en effet tracée sur l'un des murs de l'Alhambra.

Une religieuse infortunée, arrachée à la paix de son monastère, à l'amitié de ses compagnes, au doux ciel de la Castille, avait été conduite à Grenade, et vendue au premier vizir de l'Alhambra. Sœur Marthe était jeune et belle : aussi le premier vizir ne put la voir une seule fois sans ressentir pour elle la plus violente des passions ; mais elle refusa l'honneur de devenir la concubine, ni même l'épouse du second roi de Grenade. Prières, présents, menaces, tortures, elle brava tout avec un céleste regard, avec une douceur inaltérable.

Un supplice affreux fut ordonné. Sœur Marthe accueillit la mort avec un calme encor plus sublime. Comme elle traversait, pour la dernière fois, les jardins de l'Alhambra, elle aperçut une jeune fille, une enfant, qui la regardait passer avec une expression de pitié douce et naïve. Marthe s'élança des mains de ses gardiens, et souleva dans ses bras l'être innocent qui, seul au monde, semblât prendre intérêt à une victime aussi innocente que lui ; elle le couvrit de larmes et de baisers, appela sur lui la bénédiction du ciel, et lui mit au cou son rosaire. Après cette marque unique de faiblesse humaine, elle reprit sa route avec dignité, et ne reparut jamais sur la terre.

Mais l'enfant conserva dans sa mémoire l'image de la pauvre esclave chrétienne ; l'enfant, sans comprendre toutes les douleurs de Marthe, avait senti son cœur se briser à l'aspect de cette beauté sainte, au contact de cette étreinte convulsive, à l'accent passionné de cette voix divine. L'enfant, — est-il besoin de le dire ? — l'enfant était Natayda.

Dès-lors, la jeune mauresque conserva un désir instinctif de connaître la religion de Marthe : avec quelle persévérance elle interrogea Bérenger ! Le chevalier venait-il de lui raconter les touchantes histoires de l'Ingil[1] ? Elle voulait les entendre en-

1. *Ingil*, évangile.

core. Elle aimait les aventures de Josef et de ses frères ; elle soupirait avec Ruth, et pleurait avec Rachel ; elle admirait, en s'attendrissant, les souffrances de Bibi-Miriam [1] et la mort de son fils Issa [2]. Puis, avec quelle ardeur elle se plaisait à croire en des dogmes qui recommandent, qui vantent, qui prescrivent la chasteté, la fidélité, l'éternité de l'amour !

Le Dieu des chrétiens avait depuis longtemps destiné la belle musulmane à enchanter les demeures des cieux ; les anges attendaient une sœur, et pressaient l'heure d'un martyre.

Il faut peu de chose pour éveiller, dans les cours, et généralement parmi les hommes, la curiosité, l'envie et la haine ; les favoris ombrageux du roi Josef, les femmes jalouses de son harem, et les oisifs, dont les jeux causent tant de larmes, ne tardèrent pas à soupçonner une liaison mystérieuse entre le captif chrétien et la princesse Natayda. Josef entendit parler de cette découverte ; il pâlit de rage, et fit appeler Bérenger. L'ayant pris en particulier, il l'interrogea d'un ton froid, et même sévère.

— Syd afrangi [3], lui dit-il, dois-je considérer comme une vapeur légère les bruits qui se répandent dans mon palais ? On te soupçonne : Je doute encore. Mets ton cœur sur tes lèvres, et réponds-moi. As-tu trahi l'hospitalité de ton ami ? T'es-tu joué de la confiance de ton maître ?

— Seigneur, j'ai quelque peine à te comprendre, répondit le captif avec hauteur ; jusqu'à ce jour le mot de traître, s'appliquant à moi, n'avait jamais frappé mon oreille.

— En te regardant et en t'écoutant, syd afrangi, reprit le roi, je reconnais, sur tes traits et dans tes paroles, l'orgueil habituel aux aveugles ennemis du prophète Mohammed. Tu ou-

1. *Bibi-Miriam*, Bonne-Marie, la Vierge.

2. *Issa*. Jésus.

3. *Syd afrangi*, Seigneur franc, Seigneur étranger.

blies, jeune lion enchaîné, que ta colère te fatiguerait inutilement, et ne servirait qu'à te briser contre les barreaux de ta cage! Tu es soumis à ma puissance : courbe-toi!

— Un chrétien, s'écria le captif, n'a pas d'autres maîtres que son Dieu, son roi et sa dame!

— Un musulman a pitié d'un insensé, répartit Josef en souriant avec mépris.

Mais se levant brusquement: — Connais-tu ma fille Natayda? ajouta-t-il.

A ce nom, Bérenger tressaillit et pâlit. Le roi fixait sur lui des regards terribles.

— Par le Prophète! s'écria Josef avec fureur; — mais il se contint, et ajouta d'un ton amer : — syd afrangi, je t'ai reçu comme le fils de ma plus chère épouse; je t'admire comme un brave guerrier; je ne cesserai point de te respecter comme mon hôte. Ce respect, cette admiration, cette affection même, me sont d'une obligation invincible, quoique difficile. Que ne puis-je te donner la mort que tu as si bien méritée? O vengeance, toi aussi, tu me trahis!

En disant ces mots, le roi comprimait dans sa main droite la garde de son cimeterre; après un silence de quelques instants, il dit avec plus de calme :

— Sois en paix, syd afrangi; je te donne huit jours pour que tu te prépares à sortir de mon royaume!

— Que fais-tu? demanda-t-il ensuite en affectant de l'étonnement, et après avoir vu Bérenger se prosterner devant lui; ne m'as-tu pas dit qu'un chrétien ne s'incline que devant son Dieu?

— Noble seigneur, répondit le chevalier avec une émotion de plus en plus vive; un gentilhomme de mon pays ne peut, sans ressentir de la colère, s'entendre soupçonner de trahison; un gentilhomme de mon pays préfère l'honneur à la vie, à la gloire, au bonheur même ! Mais ta générosité touche mon cœur ; et si j'ai bravé ta puissance, je m'humilie devant ta bonté. Seigneur, il est vrai que j'aime ta fille Natayda ; mais, ta fille et moi, nous ne sommes point coupables. Je l'avoue en ce moment à tes pieds, avec toute l'humilité d'un esclave, j'ai respecté ta confiance et ton hospitalité ; ta fille est toujours fidèle à la gloire de son père. Je puis, sans baisser les yeux, avouer les hommages que je lui ai rendus ; elle peut, sans courber la tête, contempler l'azur du ciel et la pureté du jour.

— Louange à Allah ! dit Josef après un instant de réflexion ; que ses décrets s'accomplissent ! Chrétien, fais-toi musulman, et tu deviendras l'époux de ma fille, et tu seras le second dans mon empire !

— Magnanime seigneur, répondit Bérenger en se relevant et en essayant de conserver dans sa voix une fermeté qui chancelait dans son cœur, j'irai raconter aux rois de la chrétienté la splendeur de tes vertus et la grandeur de ta gloire. Dans huit jours, j'aurai quitté ton royaume.

A ces mots, ils se séparèrent. Le roi de Grenade se rendit aussitôt aux appartements de la sultane Abdlla, et il y chercha sa fille.

La belle princesse était assise, les jambes croisées, sur un tapis d'Ispahan, aussi doux que la mousse épaisse des forêts, aussi brillant que l'éclat varié d'un jardin en fleurs. Lorsqu'elle vit s'avancer le roi son père, elle se leva pour le saluer à la manière orientale, c'est-à-dire, en mettant les mains sur son front, puis sur son cœur. Josef la regarda longtemps sans lui adresser la parole.

— Fille d'Abdlla, dit-il enfin avec gravité, pourquoi te trouvé-je si pâlie et si pensive ? Qui te rend si différente de toi-même ? Est-ce le chagrin ! est-ce le remords ? Tu peux me répondre sans crainte : je suis ton père.

— O mon père, répondit Natayda, Allah est grand! sa volonté fait le ciel sombre ou lumineux, l'âme mélancolique ou joyeuse : les mortels ne peuvent rien contre la volonté d'Allah. Mais si mon front ressemble aux ténèbres, mon cœur est pur comme le matin.

— Qui oserait en douter devant ton père? reprit Josef. Fille d'Abdlla, ton aspect a plus de fraîcheur pour mes sens charmés que toutes les eaux limpides de mon Alhambra! Mais, ainsi qu'un frêle insecte trouble tout à coup l'onde la plus paisible, une seule pensée altère en un instant le cœur le plus vertueux. Ne dit-on pas que tu aimes?..... que tu aimes un chrétien?

Natayda devint immobile; mais bientôt elle fit entendre un faible cri, et cacha son charmant visage dans ses deux mains.

— Qu'ai-je vu? s'écria Josef, ô Natayda, que fais-tu? Pourquoi ce trouble, cette terreur, ces larmes, ce silence? O moment funeste! ô jour douloureux! car je te comprends, fille perfide! Je comprends que tu n'oses pas me faire l'aveu de ton crime, ni commettre un lâche mensonge devant Allah!

Natayda releva la tête avec effort; ses larmes coulaient en abondance sur ses joues.

— Je l'aime, dit-elle; c'était écrit!

— Tu l'avoues!

— Pourquoi le taire? Mon amour fut comme une inspiration venue d'en haut. Les événements de la terre ne sont-ils pas l'ombre des pensers d'Allah?

— Ne blasphème pas! Une fille de Mohammed aimer un enfant d'Issa!

— Louange au Maître de l'univers! respectons le voile inconnu dont il couvre ses saints arrêts!

— Une fille de la tribu des rois de Grenade aimer un guerrier captif et exilé!

— Mon cœur n'appartient pas à mes ancêtres. La voix de mon honneur parle haut encore, et me disculpe de la honte d'aimer un pauvre captif.

— Malheur à lui ! s'écria Josef avec un sombre accent de fureur ; ou plutôt malheur à tous ceux qui partagent sa croyance aveugle ! Chaque larme que tu répands, fille indigne, chaque tourment que tu me causes, seront rachetés par des cris d'agonie et par des torrents de sang ! Entends ma voix, ô Azraël [1], et fais luire pour moi un jour de bataille ! Quant à toi, femme perverse, honte de ta race, opprobre de ton père, tu ne sortiras désormais de cet appartement que sous la garde d'une esclave impitoyable et fidèle, jusqu'au jour où ta mémoire aura perdu le souvenir de celui que tu ne reverras plus !

— C'est donc à mon tour d'être captive, dit en soupirant Natayda, et je subirai un long esclavage. Il n'est, après le Maître des cieux, que deux puissances au monde qui sauraient me rendre libre : la mort, et celui que je ne reverrai plus.

Depuis ce jour, Bérenger et Natayda furent séparés ; mais ils ne passèrent pas un seul instant sans penser l'un à l'autre. Leurs âmes avaient des ailes pour se chercher, et se rencontraient encore. Leur solitude était peuplée d'images et de souvenirs. Leur amour était semblable à une fleur née à l'ombre des arbres, qui, lorsqu'on l'expose aux rayons ardents du soleil, penche sur elle-même son calice, et recueille ainsi tous ses parfums, au lieu de les exhaler vers la lumière qui la blesse.

Néanmoins, la fille du roi de Grenade n'était retenue que par une chaîne très-légère. Les mauresques vivaient au sein d'une nation chevaleresque dont la galanterie était renommée, et qui semblait vouloir imiter les chrétiens d'Espagne en leur respect, en leur courtoisie, et même en leur confiance pour les femmes ;

1. *Azraël*, nom de l'Ange de la mort.

tandis que les Castillans, au contraire, paraissaient adopter chaque jour les démonstrations jalouses et les précautions vigilantes de la tyrannie africaine. En un mot, les mauresques avaient fait un pas hors du cercle de leur esclavage; et, comme les dogmes du Koran imposaient des limites à leur indépendance, elles ressemblaient à des reines dans les fers, auxquelles on n'ose ni commander tout à fait, ni tout à fait se confier.

En d'autres temps, la coupables Natayda aurait été confinée au fond d'une tour sombre, et commise à la garde d'une troupe d'eunuques soupçonneux. La rigueur du roi Josef fut moins cruelle et moins offensante. Couverte de deux voiles bien épais, suivie sans cesse par une vieille négresse, la fille d'Abdlla, semblable à ces belles châtelaines de la chrétienté qu'un affreux nain toujours accompagne, pouvait encore parcourir les jardins et les galeries de l'Alhambra.

Depuis l'instant de leur séparation, nos deux amants avaient vu s'écouler lentement pour eux les tristes heures de trois journées. La nuit tombait des cieux, tiède et obscure. La belle princesse errait pensive à travers les bosquets du Lindanaxarra. Comme une ombre irrévocablement attachée à un corps, la négresse suivait pas à pas, s'arrêtant ou marchant au gré d'une volonté étrangère, plus esclave que la prisonnière qu'elle surveillait. Tout à coup, Natayda crut entendre les premières mesures d'une romance connue effleurer les cordes du luth qu'elle laissait toujours sur le lit de soie : une brise, chargée de tous les parfums de l'Arabie, eût-elle semblé plus douce aux sens ravis de la belle sultane? Étonnée, émue, éperdue, elle ordonna à sa compagne de cueillir quelques fleurs, trouvant ainsi un motif pour élever la voix, pour avertir un imprudent de la présence d'une troisième personne, et pour dérober à celle-ci le dangereux hommage d'un audacieux.

L'amour est le sens divin de l'âme; il se joint aux sens du

corps, et les complète. Quel regard voit comme le regard d'un amant! quelle oreille entend comme l'oreille d'une amante! Depuis longtemps caché dans un bosquet, Bérenger avait presque deviné la venue de sa bien-aimée; abandonnée à la délicieuse surprise qu'avaient fait naître en elle les sons du luth, Natayda comprit instinctivement et quelques instants après, que le chevalier s'était éloigné. Cependant la vieille négresse n'avait rien entendu, rien soupçonné.

Natayda s'avançant découvrit, pour ainsi dire, à la lueur des étoiles, une rose déposée avec soin sur le lit de soie; elle s'en saisit précipitamment et la cacha dans son sein, prévoyant que cette fleur recélait quelque mystère. Elle retourna en hâte à son appartement; et là, seule, à la clarté d'une lampe, elle elle couvrit, dans les feuilles de la rose, un ruban sur lequel dé· put lire ces mots : — Je t'aime. Je vais partir. Adieu! —

Ce fut alors que l'incertitude et la joie, la crainte et l'amour, qui tour à tour l'avaient agitée, firent place à un étonnement subit; elle venait de s'apercevoir que son voile était taché de sang. Ce sang, dont elle découvrit bientôt la source, provenait d'une légère blessure faite à son sein délicat par une épine de la fleur qu'elle y avait déposée. Sans doute qu'elle regarda cet accident comme une heureuse circonstance, car elle sourit, et prit une épingle d'or dans ses cheveux; puis, ayant encore avivé la plaie, elle traça, avec le sang qu'elle avait recueilli, et sur le même ruban dont s'était servi le chevalier, les mots suivants : — Nous nous aimons. Tu vas partir; puis-je rester? —

Au point du jour, Bérenger trouva, dans la même fleur, à la même place, la réponse de sa bien-aimée; il en couvrit l'écriture de mille baisers. Il répondit : — Il ne m'est permis de fuir qu'avec une chrétienne. —

Deux jours entiers se passèrent, et Bérenger n'entendait plus la voix de Natayda, ne s'apercevait plus de sa présence, et n'en recevait aucun message; il vit arriver enfin la veille de son départ. Désespérant alors de triompher des attachements de la musulmane, il ne chercha plus, il ne s'attendit plus à la revoir. Mais que son cœur était rempli d'amertume !

Avant de s'éloigner pour jamais, il voulut visiter une dernière fois les magiques splendeurs de l'Alhambra. Que de merveilleux récits il pourrait faire aux chevaliers de sa Provence, si toutefois sa douleur lui laissait assez de force pour achever un voyage aussi lointain ! Autant par un mouvement machinal que dans le dessein de faire ses adieux à l'Alhambra, comme il traversait une longue et obscure galerie, il vit tout à coup deux femmes silencieuses et voilées passer rapidement à son côté; il sentit le frôlement de la tunique de l'une d'elles; et celle-ci, son cœur l'avait reconnue.

Il la suivit longtemps des yeux. — Adieu ! dit-il avec un sourire mélancolique; adieu pour jamais en ce monde ! et sans doute, adieu pour l'éternité ! O Natayda, les anges sont moins beaux, moins purs que toi; et pourtant, tu n'iras point habiter parmi les anges !

En achevant ces paroles, Bérenger allait continuer sa promenade solitaire, lorsqu'il sentit une fleur sous ses pieds; il la ramassa, l'entr'ouvrit, y découvrit un ruban, et lut : — Fuyons ! —

— C'est l'ordre de Dieu ! s'écria-t-il; sa voix fait taire celle de la magnanimité de Josef !

Évitant alors tous les regards, il se rendit en toute hâte dans le bois qui précède le palais de l'Alhambra; il étudia la solitude de ce lieu, la situation du terrain par rapport aux montagnes environnantes, et la hauteur des murs qui séparent la forteresse royale de la ville et de la Véga [3]. Cet examen ter-

3. La *Véga*, la plaine ; la plaine qui entoure Grenade.

miné, il alla déposer sur le divan de soie, et dans une rose, discrète messagère, un dernier ruban sur lequel il avait écrit : — Au bois de la Porte-du-Jugement, à l'heure du coucher de la lune. —

Il se retira dans son appartement, et employa le reste du même jour à construire, avec des morceaux d'étoffes de soie, une longue et solide échelle qui pût au besoin se plier et se cacher dans un casque ou sous une cuirasse. Enfin il alla trouver Josef.

— Noble seigneur, lui dit-il en mettant un genou en terre, ton captif va briser ses fers, et vient te faire ses adieux. Demain, au moment où le soleil se lèvera sur l'horizon, j'aurai quitté ta demeure; et je serai sorti de ton royaume, au moment où descendra la nuit. Parle, seigneur : aujourd'hui je suis encore dans tes fers; n'as-tu rien à me commander !

— Chrétien, répondit doucement Josef, le roi de Grenade ne te connaît plus, et n'a rien à t'ordonner. Mais ton ami souhaite que la main d'Allah s'étende sur ton voyage. Quant à ton hôte, il ne veut de toi que cette écharpe que tu portes sur ta poitrine.

— Dieu m'est témoin, Josef, s'écria Bérenger, avec émotion, que nulle chose au monde ne m'est plus chère que ce tissu ! mais le voici. Puisse-t-il te rappeler quelquefois ce que tu vas perdre !

— L'absence éternelle d'un ami, jeune infidèle, est, en effet, une grande perte; je le sais mieux que tout autre, moi qui suis roi. Syd afrangi, je veux reconnaître le prix du présent que tu m'as fait.

En disant ces mots, Josef détacha de son turban une magnifique émeraude, et l'offrit à Bérenger.

— Cette pierre précieuse, dit le chevalier en la recevant, servira d'ornement à la garde de mon épée; c'est te dire, noble seigneur, que je me souviendrai de toi jusqu'au tombeau.

Alors il se releva, s'inclina, et fit quelques pas comme s'il eût voulu s'éloigner.

— Arrête! s'écria Josef. Si je dois en croire tes paroles, cette écharpe te paraît préférable à toutes les choses de ce monde, à tout ce qui fait la gloire et le bonheur des mortels : que dirais-tu donc si j'ordonnais à ma fille Natayda de te la rendre?

Bérenger parut en proie à une lutte violente; il rougit et devint pâle tour à tour; enfin il répondit d'une voix faible :

— Je suis chrétien : c'est te répéter, noble seigneur, que je ne puis devenir l'époux d'une musulmane.

— C'en est assez! guerrier orgueilleux, tu peux partir! Tu as trop de courage et de fermeté pour qu'on te méprise; et pour qu'on te châtie, trop de jeunesse et d'aveuglement. Tu peux partir.

Mais Bérenger retombant une seconde fois agenouillé :

— Que veux-tu encore? demanda Josef.

— Ton pardon, âme sublime! répondit le chevalier d'une voix altérée; ton pardon, ou plutôt ta bénédiction!

Josef hésita quelques instants.

— Je te les donne, syd afrangi, dit-il enfin; je te les donne, et des mains, et du cœur! Mais tu dois partir.

Cependant les ombres légères du soir commençaient à voiler la terre. Natayda, feignant de ressentir un mal subit, avait entraîné sa vigilante gardienne dans les jardins de l'Alhambra. La belle princesse erra longtemps en silence; son regard mélancolique semblait s'arrêter avec regret sur les splendeurs qu'elle était sur le point d'abandonner pour jamais; mais ce doux attendrissement de l'âme, mêlé d'inquiétude et de honte, était en elle combattu par l'amour, et peut-être aussi par un instinct divin.

Quand arriva l'heure de se rendre au bois qui précède la Porte-du-Jugement, Natayda y conduisit sa compagne. Assis sur un banc de marbre; à l'abri d'un épais bosquets d'orangers, Bérenger avait passé par une longue et pénible attente; quoique sûr du cœur de la belle sultane, il doutait encore du succès de son entreprise; il n'avait qu'une espérance mêlée d'incertitude : aussi vit-il venir la fille du roi Josef avec un sentiment de plaisir aussi vif que celui dont palpite le cœur d'un homme qu'un songe a couvert de chaînes, et auquel le réveil rend tout à coup la certitude d'être libre.

Le chevalier se précipita sur la négresse ; et, sans lui laisser le temps de se reconnaître ou d'appeler au secours, il lui mit un mouchoir sur la bouche, la lia à un arbre, et la menaça de la mort si elle osait faire un seul mouvement, si elle essayait de pousser un cri. Tremblante de surprise et de terreur, la vieille esclave pencha la tête avec soumission et d'un air de désespoir.

Alors Bérenger prit dans ses bras sa bien-aimée.

— Maintenant, lui dit-il en la pressant sur son cœur, nous n'avons plus que deux chemins qui nous soient ouverts, la mort ou la fuite. Es-tu préparée à me suivre?

— Partons! répondit Natayda d'une voix calme.

Le chevalier déploya son échelle de soie, la jeta sur le mur, l'assujettit avec soin, et fit monter la fille de Josef en la soutenant sur sa poitrine, à peu près comme une mère fait de son enfant, lorsqu'il ne marche pas encore ou qu'il succombe à la fatigue. Ils arrivèrent ainsi sur la plate-forme de l'épaisse muraille. Là, Bérenger, s'arrêtant, se mit à contempler une tour que l'on apercevait au loin comme une masse informe et lugubre parmi les ombres.

— Que crains-tu? demanda Natayda étonnée.

— Natayda, répondit lentement Bérenger, je jetais un dernier regard sur la demeure du roi ton père, lorsqu'une voix a dit en moi : Que va penser Josef de son ami ?

— Et de sa fille? ajouta Natayda.

Ils soupirèrent et se turent.

— La rouille dévorera mes éperons de chevalier ! reprit le chrétien avec une profonde tristesse ; car tant d'ingratitude est un crime. O Natayda, perdrai-je pour toi mon honneur?

— Non, dit-elle en lui prenant la main, et en la pressant avec force ; non, Bérenger, car bientôt je serai chrétienne.

Ce mot fit tressaillir le chevalier, et le décida. Il disposa de nouveau l'échelle de soie. Ils franchirent enfin, avec une hâtive précaution, la dernière barrière qui les séparait de la plaine, des montagnes, de la liberté.

Dès qu'ils eurent entièrement disparu, la vieille négresse essaya de rompre ses liens, et y réussit après de longs et douloureux efforts ; elle se mit aussitôt à courir dans la direction des appartements du roi de Grenade. Ses cris attirèrent l'attention des gardes qui veillaient sur le sommeil de leur souverain. Le roi lui-même en fut frappé ; il se leva précipitamment, et donna l'ordre d'amener en sa présence la personne audacieuse qui troublait ainsi la paix de son palais et de la nuit. Après avoir écouté, pâle et immobile, le récit de l'esclave, il se livra aux imprécations et à la fureur ; il prit sa barbe à deux mains, comme s'il eût voulu l'arracher ; il renversa du pied la négresse agenouillée, et jura mille fois la mort des deux fugitifs.

A ses ordres, une troupe d'archers qui logeaient dans une tour voisine, se levèrent et s'armèrent incontinent. Josef se mit à leur tête ; et, sans perdre un seul instant, il sortit de l'Alhambra, entra dans la plaine, et se dirigea vers les montagnes.

Son honneur offensé, sa bonté trahie, et, plus que tout cela, la perte d'une fille chérie, remplissaient le cœur du roi de

Grenade de rage, de honte et de douleur. Tantôt il cheminait silencieusement, les poings fermés, le regard fixe; tantôt il interrogeait les esclaves que leurs travaux retenaient la nuit dans les champs, ou les voyageurs qui, profitant de la fraîcheur des ombres, se rendaient à la cité; mais sa rage, sa honte et sa douleur s'augmentaient encore du désespoir de ne pouvoir apprendre ni retrouver la direction que les fugitifs avaient suivie; et ses lèvres étaient sans cesse ouvertes à la malédiction.

Il erra durant la nuit entière, au hasard, revenant souvent sur ses pas, mais néanmoins s'avançant toujours vers Loxa. Les archers, harassés par cette course vagabonde, se demandaient les uns aux autres pourquoi leur maître ne mettait pas plus d'ordre ni de prudence dans sa recherche; mais ils n'osaient faire cette remarque assez haut pour être entendus. D'ailleurs, qu'était-il besoin de prudence et d'ordre? Le malheureux père, le monarque offensé, suivait la route invisible que lui traçaient en même temps l'instinct de la vengeance et le doigt d'Allah.

Las enfin, haletant de soif, brûlé de fureurs, il descendit de cheval pour aller tremper son front, ses lèvres et ses mains dans l'onde d'un ruisseau qu'il aperçut. C'était à l'heure où le soleil, comme a dit un poëte castillan, dissipant les ombres, vient essuyer avec des voiles d'or les larmes de la nuit qui fuit en lui cédant son trône. Le roi de Grenade et ses archers se trouvaient alors dans une plaine, vaste au milieu de laquelle un noir rocher, à peine couvert de quelque grêles arbustes, paraissait s'élever comme un géant. Du faîte de cette masse informe jusqu'à sa base, descendirent peu à peu les blanches vapeurs de l'aube, comme tombent, l'un après l'autre, les voiles d'une sultane pour laquelle des esclaves ont préparé un bain tiède et embaumé.

Roulant sans cesse les mêmes pensers, Josef fixait les yeux

sur la terre; mais, lorsqu'il les releva, il poussa un cri de triomphe, et se dressa de toute sa taille : ses compagnons étonnés se rassemblèrent à ses côtés. Ainsi, lorsque dans les plaines de la Numidie, un lion entouré de ses lionceaux a poursuivi deux gazelles tendres et légères ; s'il les perd de vue un moment, et qu'il les retrouve ensuite mourantes de fatigue sur les sables, il pousse un rugissement de joie affreuse, et ramène ainsi au carnage ses petits épars dans le désert.

Évitant le voisinage des grands chemins et des villes, traversant, silencieux et éperdus, des champs de vignes, des bois d'oliviers, des haies de lauriers-roses, des gués dangereux, Bérenger et Natayda étaient parvenus enfin au pied du rocher escarpé que l'on remarque dans une vaste plaine, non loin de la petite ville de Loxa : le trouble lumineux des dernières ombres de la nuit, annonçait alors la prochaine apparition du jour. Forcés de se cacher à tous les regards, les fugitifs gravirent le penchant le moins difficile de la montagne; ils se confiaient à leur innocence, à leur courage, à leur amour; ils espéraient trouver quelques arbrisseaux au pied desquels ils échapperaient à tous les yeux, et dont les fruits sauvages pourraient apaiser leur faim.

Mais, dans cette fuite périlleuse, Bérenger avait toujours soutenu et quelquefois porté sa compagne; et, quoique ce fardeau fût doux pour un amant, quoique le bonheur fît circuler une double existence dans ses veines, il sentait ses forces trahir de plus en plus son ivresse et sa volonté. Pâle, épuisé, chancelant, il put à peine arriver au sommet de la roche difficile; il tomba sur le gazon: et, posant sa tête sur les genoux de Natayda, il s'anéantit presque entièrement dans un sommeil immobile.

Sa compagne semblait, au contraire, devenir plus forte à mesure que les dangers de leur situation augmentaient. L'amour est l'auteur des grands mouvements de l'âme ; il inspire à l'homme de la dignité, à la femme du courage ; il inspire encore par son souvenir. Tel qui fut amant dans sa jeunesse, disait un sage de Bagdad, restera, malgré d'inévitables faiblesses, un homme vertueux durant sa vie. L'amour parfume l'âme comme ces essences précieuses dont s'imbibe une coupe d'albâtre, et dont on ne peut la priver tout à fait en la plongeant à plusieurs reprises dans les ondes.

Natayda contemplait avec une rêveuse langueur les traits de Bérenger endormi sur ses genoux, lorsque le cri de Josef retentit dans les airs, et monta jusqu'à elle. Elle frémit, tourna la tête et frémit encore, lorsqu'elle aperçut dans la plaine des guerriers se montrant les uns aux autres le lieu de sa retraite, lorsqu'elle reconnut parmi eux, à ses vêtements splendides et à ses gestes menaçants, le roi son père.

Elle éveilla Bérenger, qui, entr'ouvrant à demi les yeux, vit avec effroi la pâleur de sa bien-aimée ; il la prit, au premier moment pour l'ange de la mort penché sur lui ; il remarqua qu'un triste sourire agitait ses lèvres, pendant qu'elle lui montrait de la main le roi de Grenade et les guerriers.

Il n'est personne qui ne frissonne à l'attente de la mort, parce que la conservation de la vie est inspirée ; mais l'aspect immédiat de la mort rend à l'âme le calme et la résignation. Plus d'un malade qu'effrayèrent longtemps les derniers mystères humains, sourit au moment d'y toucher, ou les subit du moins avec une tranquillité solennelle. Pour se réconcilier avec la mort, il faut voir mourir, ou il faut mourir. Bérenger et Natayda avaient tremblé dans une étreinte désespérée ; mais bientôt, ils se regardèrent avec amour, avec calme et en silence.

Obéissant aux ordres de Josef, les archers gravissaient déjà le rocher. Bérenger se leva debout, et prit en main son épée ; mais Natayda la lui enleva doucement.

— Il faut mourir, lui dit-elle; ta valeur ne ferait que retarder notre trépas; et le sang de ces esclaves n'effacerait pas notre honte.

— Notre honte! s'écria-t-il; notre honte!

— Sans doute, reprit-elle avec douceur; as-tu cessé d'être chrétien? ne suis-je pas encore musulmane? — O mon bien-aimé, ajouta-t-elle avec un angélique sourire; aux yeux de ces hommes qui viennent à nous, je suis une fille coupable : il dépend de toi qu'aux yeux du Miséricordieux, je devienne la plus innocente des femmes. Parle, instruis-moi, prie avec moi! Amant d'une aveugle mauresque, sois l'époux d'une chrétienne courageuse!

— Ange égaré sur la terre! s'écria Bérenger en la serrant convulsivement dans ses bras; ange que j'ai reconnu, et qui dois m'accompagner dans les cieux, que puis-je faire de plus pour toi que ton vœu même? De quel droit mènerais-je à Dieu l'âme qui de son propre élan s'est élevée jusqu'à lui?

— Sois bénie, ô mon épouse tendrement aimée! continua-t-il en lui donnant un baiser, — hélas! le premier et le dernier! — jamais femme plus pure ni plus belle n'a mérité ni reçu ce titre sacré!

En achevant ces paroles, le chevalier fit doucement agenouiller à son côté la fille de Josef, et pria. Cependant les archers n'étaient plus qu'à quelques pas des deux amants; un guerrier ramassa l'épée du chrétien.

— Ose! s'écria Natayda en se relevant, ose porter une insolente main sur la fille de ton roi!

Le guerrier recula, subjugué par l'air de dignité que la belle sultane avait pris; il attendit ses compagnons; et, tous ensemble, ils s'avancèrent vers le chevalier.

— C'est mon époux! s'écria encore Natayda en se précipitant entre eux et Bérenger.

Les archers s'arrêtèrent, irrésolus; mais une exclamation impérieuse ayant frappé leur oreille, ils ne songèrent plus qu'à obéir.

Natayda, tenant Bérenger par la main, reculait avec lui, à mesure que les guerriers faisaient un pas en avant; elle parvint ainsi au bord du rocher taillé à pic, et d'une hauteur d'au-moins soixante pieds : tout à coup, elle crut sentir que le sol manquait sous ses pas. D'un bond précipité, elle enlaça Bérenger dans ses bras, et l'entraîna dans sa chute.

Des cris de terreur s'élevèrent, auxquels répondirent deux faibles cris. Le silence redevint maître de la plaine [1].

En sortant de Grenade, et en suivant le cours sinueux du Xenil, on marche longtemps dans une campagne magnifique; mais bientôt, on trouve une montagne de grès, puis un vallon délicieux, puis une plaine couverte d'une végétation brillante. Sur une colline assez élevée, au sein d'un groupe de rochers inaccessibles, on découvre enfin la ville de Loxa. Sur la gauche, on aperçoit une chaîne de petites montagnes, parmi lesquelles on en peut remarquer une que son isolement rend gigantesque. Au pied de cette montagne solitaire, au bord d'un ruisseau limpide, à l'abri d'un bois d'oliviers, on voit une croix de bois à côté d'une pierre. Et là, on rêve et l'on prie.

Ceci est l'itinéraire de qui veut se rendre au *Rocher des Amants* [2].

Voici la fin de cette histoire.

Lorsqu'on releva les corps brisés des deux amants, Bérenger avait cessé de vivre; mais Natayda put encore apprendre à Josef qu'elle avait abandonné, au moins du cœur, la religion de Mohammed.

1. Ce dénouement, ainsi que la mort de Josef, est historique.

2. *La pena de los enamorados*.

Par respect pour la mémoire d'une fille chérie, qui fut bientôt regrettée, le roi Josef-Abou'l-Thedjadj n'entreprit aucune guerre contre les chrétiens. Le malheureux père n'eut pas à gémir longtemps de ses remords. Il fut empoisonné par un vêtement magnifique dont le roi de Fez, son ennemi secret, lui avait fait présent. Les tortures du roi de Grenade furent affreuses : ses cheveux tombaient, sa chair se détachait de ses os, et ses os se brisaient d'eux-mêmes. Ce supplice dura trente jours. Les archers, qui avaient assisté à la mort de la belle et jeune sultane Natayda, ne parlèrent plus des derniers tourments du roi son père qu'en levant les yeux et les mains vers le ciel, et qu'en répétant leur éternelle sentence : — C'était écrit !

FIN DE NATAYDA.

BIBLIOTHEQUE NATIONALE
R.F.
IMPRIMÉS

Ouvrages du même auteur :

AURORA. — 2e édition, 1 joli volume in-18. Prix : 1 fr. 50 c.

LE COLLIER. — Epigrammes et Madrigaux. Brochure in-8°. — Prix : 50 c.

Sous presse :

CONTES FANTASQUES.

Étampes. — Imprimerie de Aug. ALLIEN.

www.ingramcontent.com/pod-product-compliance
Ingram Content Group UK Ltd.
Pitfield, Milton Keynes, MK11 3LW, UK
UKHW021044200726
13857UKWH00003B/813